1-2 교과서와 친해지는

단 원별 단 계별

받아쓰기

1-2 교과서와 친해지는

단원별 단계별 받아쓰기

윤희솔 · 박은주 지음
나인완 그림

국어 교과서 연계 150문장 단원별 수록 ┼ 읽기 - 어휘 - 쓰기 STEP 1~5 단계별 구성

물주는아이

받아쓰기는 최고의 국어 학습법!

"1학기는 학교에 적응하는 데만 신경을 썼는데, 이제 공부도 좀 봐줘야 할 것 같아요."

아이가 받아 온 2학기 국어 교과서를 보면, 1학기보다 글이 많아진 걸 한눈에 알 수 있습니다. 스스로 등하교도 하게 되고, 친구도 사귀며 한 학기를 보람 있게 보낸 아이를 많이 칭찬해주세요. 그리고 아이와 함께 교과서를 훑어보며 받아쓰기도 함께 준비해 보시길 추천합니다. 받아쓰기는 문해력과 학습 자신감의 시작이기 때문입니다.

몇십 년 전에도 했던 받아쓰기를 지금 우리 아이들이 연습할 필요가 있냐고 묻는 학부모님을 종종 만납니다. 그러나 영어 받아쓰기가 영어 능력 신장에 도움을 준다는 연구 결과가 수없이 많습니다. 받아쓰기(dictation)와 따라 말하기(shadowing)가 좋은 영어 학습법인 것처럼, 국어 받아쓰기 또한 국어 공부에 매우 효과적입니다. 받아쓰기 점수를 지나치게 강조하는 분위기와 암기 위주의 지도 방법이 잘못됐을 뿐, 받아쓰기는 분명 훌륭한 국어 학습법입니다.

〈단단 받아쓰기(교과서와 친해지는 단원별 단계별 받아쓰기)〉는 20년 이상 초등학교에서 받아쓰기를 연구하며 적용한 두 교사가 머리를 맞대고 기획했습니다. 아이들이 받아쓰기 급수표를 맥락 없이 외우고, 시험을 보고 나서는 다 잊어버리는 상황이 안타까웠습니다. 효과적인 받아쓰기 공부로 아이들의 국어 실력이 쑥쑥 자라기를 바라는 마음을 이 책에 담뿍 담았습니다.

〈단단 받아쓰기〉를 300% 활용하는 방법 세 가지를 소개합니다.

첫째, 이 책을 국어 교과서 짝꿍처럼 활용해 보세요. 부제와 같이 '교과서와 친해지는' 데 이 책이 도움이 되길 바라면서 집필했습니다. 1학년 교과서에는 글자가 몇 개 없지만, 그래서 교과서를 자세히 읽는 습관을 쉽게 들일 수 있습니다. '이 어휘가 왜 먼저 혹은 나중에 나왔을까?', '이 그림과 글은 무슨 관계가 있을까?' 등 아이와 질문을 주고받으며 교과서를 주의 깊이 살펴보는 습관을 들였으면 좋겠습니다.

둘째, QR코드를 통해 나오는 음성의 발음을 주의 깊게 듣고, 소리 내어 정확히 따라 읽도록 지도해 주세요. 한글을 다 안다고 자신만만하게 말하는 아이들도 틀리게 읽는 경우가 많습니

다. 맑다[막따], 밟다[밥따], 넓다[널따] 등 어른도 잘못 읽는 낱말이 있는 걸 보면, 소리 내어 정확히 읽는 연습은 어려서부터 꾸준히 해야 한다는 걸 알 수 있습니다. 정확한 발음으로 읽을 수 있어야 중고등학교 때 문법에서 헤매지 않습니다. 발음뿐 아니라 띄어 읽기도 중요합니다. 바르게 띄어 읽어야 글을 제대로 이해할 수 있습니다. 올바르게 소리 내어 읽기는 문해력의 기초입니다.

셋째, 받아쓰기에서 익힌 낱말과 문장을 실생활에서 사용할 기회를 주세요. 우리나라 사람들이 영단어를 많이 알면서도 활용하지 못하는 이유는 현실과 동떨어진 상황에서 어휘 암기에만 집중하기 때문이지요. 우리 반 아이들이 받아쓰기에 나온 어휘를 바로 사용할 수 있도록 지도한 방법을 각 단계에 반영했습니다.

STEP 1 각 급에서 소개된 받아쓰기 문장을 교과서에서 찾아보고, 교과서에 밑줄을 긋는다. (그 낱말이나 문장이 어떤 맥락에서 쓰였는지 확인하는 과정이에요. 교과서와 친해지기도 하고요.) QR코드를 통해 나오는 음성의 발음을 그대로 따라 말한다.

STEP 2 새로 알게 된 낱말의 의미를 알아본다.

STEP 3 소리 내어 읽으며 바르게 글씨를 쓰고 연습한다. (글씨를 쓰는 근육이 옹골차지려면 많이 써 보는 방법밖에 없답니다.) QR코드를 통해 음성을 듣고 받아쓴다.

STEP 4 STEP 1에 나온 낱말을 다양한 방법으로 익힌다.

STEP 5 새로 익힌 낱말을 활용하여 문장을 만들고 쓴다.

한글 학습을 강화한 국어 교과서를 기본으로 집필하였으므로, 초등학교 1학년 학생뿐 아니라 이제 막 한글을 익히는 예비 초등학생에게도 도움이 되리라 확신합니다. 무엇보다 〈단단 받아쓰기〉로 단단해진 문해력이 자신감과 재미가 넘치는 학교생활에 도움이 되기를 소망합니다.

윤희솔, 박은주

차 례

여는 글 **4** / 이 책의 구성 및 활용법 **8**

1급 국어 1-2) 1단원 소중한 책을 소개해요 **10**

STEP 1~2	10~11쪽	월	일
STEP 3	12~15쪽	월	일
STEP 4~5	16~17쪽	월	일

2급 국어 1-2) 1단원 소중한 책을 소개해요 **18**

STEP 1~2	18~19쪽	월	일
STEP 3	20~23쪽	월	일
STEP 4~5	24~25쪽	월	일

3급 국어 1-2) 2단원 소리와 모양을 흉내 내요 **26**

STEP 1~2	26~27쪽	월	일
STEP 3	28~31쪽	월	일
STEP 4~5	32~33쪽	월	일

4급 국어 1-2) 2단원 소리와 모양을 흉내 내요 **34**

STEP 1~2	34~35쪽	월	일
STEP 3	36~39쪽	월	일
STEP 4~5	40~41쪽	월	일

5급 국어 1-2) 3단원 문장으로 표현해요 **42**

STEP 1~2	42~43쪽	월	일
STEP 3	44~47쪽	월	일
STEP 4~5	48~49쪽	월	일

6급 국어 1-2) 3단원 문장으로 표현해요 **50**

STEP 1~2	50~51쪽	월	일
STEP 3	52~55쪽	월	일
STEP 4~5	56~57쪽	월	일

7급 국어 1-2) 4단원 바른 자세로 말해요 **58**

STEP 1~2	58~59쪽	월	일
STEP 3	60~63쪽	월	일
STEP 4~5	64~65쪽	월	일

_____월 _____일을 적는 칸에 공부할 날짜를 정해서 미리 적어 두면 '계획표'가 되고, 그날그날 공부를 마친 후 내가 공부한 날짜를 적으면 '확인표'가 된답니다.

8급 국어 1-2) 5단원 알맞은 목소리로 읽어요 **66**

STEP 1~2	66~67쪽	월	일
STEP 3	68~71쪽	월	일
STEP 4~5	72~73쪽	월	일

9급 국어 1-2) 6단원 고운 말을 해요 **74**

STEP 1~2	74~75쪽	월	일
STEP 3	76~79쪽	월	일
STEP 4~5	80~81쪽	월	일

10급 국어 1-2) 7단원 무엇이 중요할까요 **82**

STEP 1~2	82~83쪽	월	일
STEP 3	84~87쪽	월	일
STEP 4~5	88~89쪽	월	일

11급 국어 1-2) 8단원 띄어 읽어요 **90**

STEP 1~2	90~91쪽	월	일
STEP 3	92~95쪽	월	일
STEP 4~5	96~97쪽	월	일

12급 국어 1-2) 8단원 띄어 읽어요 **98**

STEP 1~2	98~99쪽	월	일
STEP 3	100~103쪽	월	일
STEP 4~5	104~105쪽	월	일

13급 국어 1-2) 9단원 겪은 일을 글로 써요 **106**

STEP 1~2	106~107쪽	월	일
STEP 3	108~111쪽	월	일
STEP 4~5	112~113쪽	월	일

14급 국어 1-2) 10단원 인물의 말과 행동을 상상해요 **114**

STEP 1~2	114~115쪽	월	일
STEP 3	116~119쪽	월	일
STEP 4~5	120~121쪽	월	일

15급 국어 1-2) 10단원 인물의 말과 행동을 상상해요 **122**

STEP 1~2	122~123쪽	월	일
STEP 3	124~127쪽	월	일
STEP 4~5	128~129쪽	월	일

답안은
130쪽에서
확인하세요.

이 책의 구성 및 활용법

"책을 알면 공부법이 보인다!"

〈단단 받아쓰기〉는 단원별 단계별로 구성된 받아쓰기 책이에요.
이 책에는 1학년 2학기 국어 교과서 1~10단원에 실린 낱말과 문장을 선별하여 수록하였어요.
1~5단계의 과정을 거치며 각 급에서 학습한 낱말과 문장을 내 것으로 만들어요.
귀여운 꼬미와 토리, 친절한 디노 선생님이 조금 더 쉽고 재미있게 공부할 수 있도록 도와줄 거예요.

STEP 1) 바르게 읽어야 바르게 쓸 수 있어요.

각 급에서 학습할 받아쓰기 문장 10개를 소개해요. 제공하는 QR코드를 통해 음성 듣기가 가능하지요.
불러 주는 말을 듣고 또박또박 따라 읽으며 발음을 익혀요. 정확한 발음을 익혀야 바르게 쓸 수 있답니다.

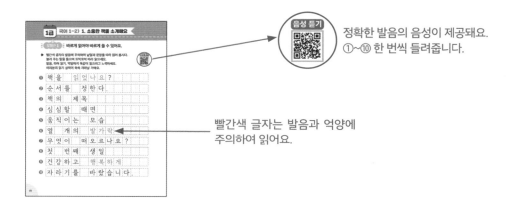

정확한 발음의 음성이 제공돼요.
①~⑩ 한 번씩 들려줍니다.

빨간색 글자는 발음과 억양에
주의하여 읽어요.

STEP 2) 낱말을 정확히 알아야 나중에 또 만나도 기억할 수 있어요.

받아쓰기 문장에 나오는 핵심 낱말을 재미있는 그림을 통해 설명해요.
어느 상황에서 어떻게 낱말이 쓰이는지 알아보면서 어휘력이 풍부해져요.

핵심 낱말에 대해 보충 설명이 필요하면
친절한 디노 선생님이 등장해요.

STEP 3) 뜻을 생각하며, 낱말을 익혀 보아요.

글씨를 쓰는 순서와 글자의 모양에 유의하며 써요. ① 낱말과 문장을 따라 쓰고, ②③ 빈칸을 채우며 따라 써요.
마지막으로, 제공하는 QR코드를 통해 실전 받아쓰기를 해요. 반복 학습으로 받아쓰기에 자신감이 생길 거예요.

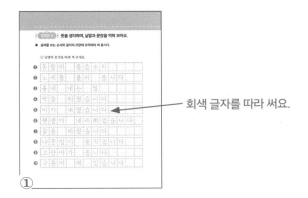

① ⎯⎯⎯⎯ 회색 글자를 따라 써요.

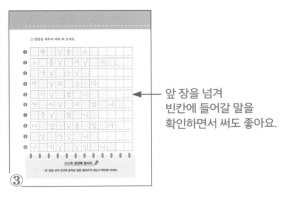

회색 글자는 따라 쓰고,
색칠해진 빈칸은
알맞게 써넣어요.

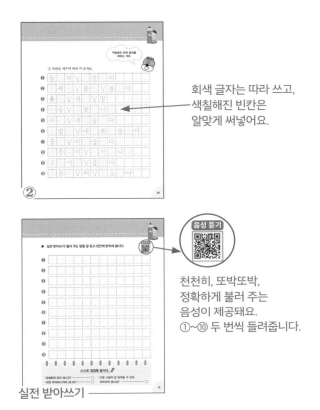

③ ⎯⎯⎯⎯ 앞 장을 넘겨
빈칸에 들어갈 말을
확인하면서 써도 좋아요.

실전 받아쓰기

천천히, 또박또박,
정확하게 불러 주는
음성이 제공돼요.
①~⑩ 두 번씩 들려줍니다.

STEP 4) 낱말 개인화: 낱말을 내 것으로 만들어요.

색칠하기, 그림 찾기 등 각 급에서 학습한 낱말과
관련된 다양한 활동을 해요.

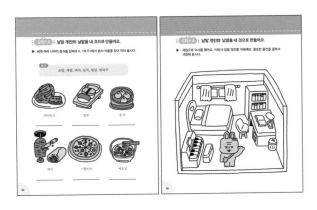

STEP 5) 문장 개인화: 문장을 내 것으로 만들어요.

각 급에서 학습한 낱말을 사용하여 짧은 글쓰기
활동을 해요.

낱말과 문장을 온전히 소화하여 내 것으로 만들었는지 확인할 수 있어요.
차근차근 기초를 다지면 어느새 국어 실력이 쑥쑥 자랄 거예요.

STEP 1 바르게 읽어야 바르게 쓸 수 있어요.

➜ 빨간색 글자의 발음에 주의하며 낱말과 문장을 따라 읽어 봅시다.
불러 주는 말을 들으며 또박또박 따라 읽으세요.
발음, 띄어 읽기, 억양까지 똑같이 읽으려고 노력하세요.
여러분의 읽기 실력이 쑥쑥 자라날 거예요.

음성 듣기

❶ 책을 읽었나요?

❷ 순서를 정한다.

❸ 책의 제목

❹ 심심할 때면

❺ 움직이는 모습

❻ 열 개의 발가락

❼ 무엇이 떠오르나요?

❽ 첫 번째 생일

❾ 건강하고 행복하게

❿ 자라기를 바랐습니다.

➜ 낱말의 뜻을 알아봅시다.

• 건강

여러분,
조금 있으면 방학이에요.
방학을 건강하게 보내려면
어떻게 해야 할까요?

제가 발표할게요!
음식을 가리지 않고
골고루 먹어요.

매일매일
운동을 해요.
선생님,
건강을 위해
다 같이
줄넘기해요!

좋아요.
그럼 오늘 점심 먹고
함께 줄넘기하러 나갈까요?

네~!

뜻을 생각하며, 낱말과 문장을 익혀 보아요.

➡ 글씨를 쓰는 순서와 글자의 모양에 유의하며 써 봅시다.

① 낱말과 문장을 따라 써 보세요.

❶ 책을 읽었나요?

❷ 순서를 정한다.

❸ 책의 제목

❹ 심심할 때면

❺ 움직이는 모습

❻ 열 개의 발가락

❼ 무엇이 떠오르나요?

❽ 첫 번째 생일

❾ 건강하고 행복하게

❿ 자라기를 바랐습니다.

V는 띄어쓰기 표시야.

② 빈칸을 채우며 따라 써 보세요.

1. 책　V 읽 나　?

2. 　서　V 정 다.

3. 책　　V 제

4. 　심　V 때

5. 움 이　V 모

6. 　V 개　V 발 락

7. 무 이 V 오 나　?

8. 　V 번　V 생

9. 건 하　V 행 하

10. 　라 를 V 랐 니　.

13

③ 빈칸을 채우며 따라 써 보세요.

❶ 　을 V 　었 　요 ?

❷ 순 　를 V 　한 　.

❸ 　의 V 　목

❹ 심 　할 V 　면

❺ 　직 　는 V 　습

❻ 열 V 　의 V 　가

❼ 　엇 　 V 떠 　로 　요 ?

❽ 첫 V 　째 V 　일

❾ 　강 　고 V 　복 　게

❿ 자 　기 　 V 바 　습 　다 .

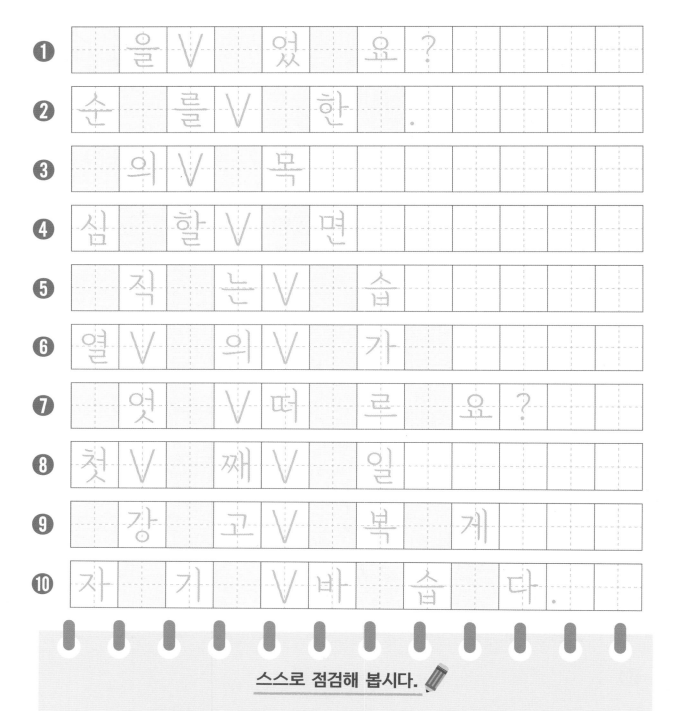

스스로 점검해 봅시다. ✏️

■ 앞 장을 넘겨 빈칸에 들어갈 말을 올바르게 썼는지 확인해 보세요.

➡ 실전 받아쓰기! 불러 주는 말을 잘 듣고 빈칸에 받아써 봅시다.

음성 듣기

❶

❷

❸

❹

❺

❻

❼

❽

❾

❿

스스로 점검해 봅시다. ✏

▪ 맞춤법에 맞게 썼나요? ············· ☐   ▪ 다른 사람이 잘 알아볼 수 있게

▪ 바른 위치에서 띄어 썼나요? ········· ☐   또박또박 썼나요? ····························· ☐

낱말 개인화: 낱말을 내 것으로 만들어요.

→ 사랑하는 우리 엄마의 발이에요. 발톱을 예쁘게 꾸며 봅시다.
우리 가족 발가락을 관찰하고 서로의 발가락을 비교하며 이야기 나누어 보아요.

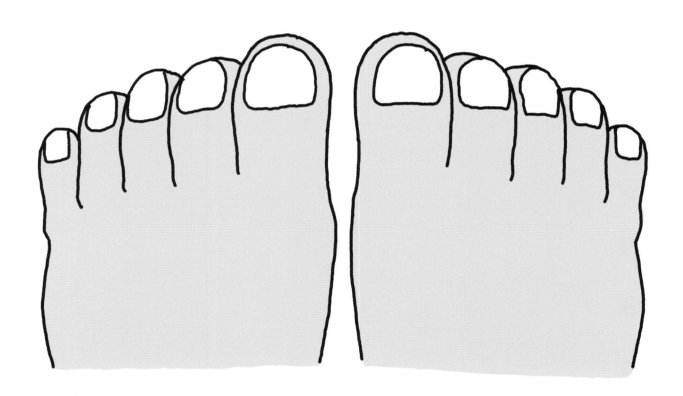

STEP 5 : 문장 개인화: 문장을 내 것으로 만들어요.

➜ 받아쓰기 1급에서 연습한 낱말을 사용하여 문장을 만들어 봅시다.

보기

책, 순서, 제목, 발가락, 생일,
읽다, 정하다, 떠오르다, 자라다

① 아래 문장을 소리 내어 읽고, 〈보기〉의 어떤 낱말이 쓰였는지 ○ 하세요.

책	이		흐	트	러	져		있	어	서
순	서	대	로		정	리	했	다	.	

② 바르게 따라 써 보세요.

책	이		흐	트	러	져		있	어	서
순	서	대	로		정	리	했	다	.	

③ 〈보기〉의 낱말을 2개 이상 넣어 짧은 글을 써 보세요.

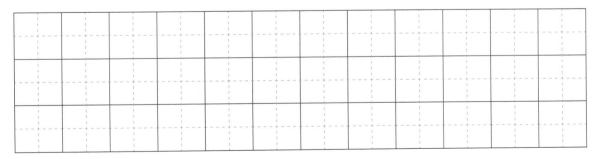

STEP 1 바르게 읽어야 바르게 쓸 수 있어요.

➔ 빨간색 글자의 발음에 주의하며 문장을 따라 읽어 봅시다.
불러 주는 말을 들으며 또박또박 따라 읽으세요.
발음, 띄어 읽기, 억양까지 똑같이 읽으려고 노력하세요.
여러분의 읽기 실력이 쑥쑥 자라날 거예요.

음성 듣기

❶ 낚시를 해요.

❷ 끈을 묶는다.

❸ 모자를 썼다.

❹ 잠을 잤다.

❺ 책상을 닦는다.

❻ 가방을 쌌다.

❼ 연필을 깎았다.

❽ 재료를 섞었다.

❾ 그림자가 생겨요.

❿ 정말 신기하다.

STEP 2 : 낱말을 정확히 알아야 나중에 또 만나도 기억할 수 있어요.

➜ 낱말의 뜻을 알아봅시다.

• 재료

내일 방과 후
과학 실험 시간에
달고나 만들기 한다고 연락 왔어.

우아~ 정말? 신난다!
그런데 달고나 만들기 하려면
무슨 재료를 준비해야 해?

잠깐만,
확인해 볼게.

달고나 만들기
재료
설탕
소다

설탕은 집에 있는데,
소다는 뭔지 모르겠어.
마시는 음료수인가?

아~ 소다는
음료수가 아니고
하얀 가루야.
우리 집에 있으니까
내가 가져갈게.

뜻을 생각하며, 낱말과 문장을 익혀 보아요.

➔ 글씨를 쓰는 순서와 글자의 모양에 유의하며 써 봅시다.

① 문장을 따라 써 보세요.

❶ 낚시를 해요.

❷ 끈을 묶는다.

❸ 모자를 썼다.

❹ 잠을 잤다.

❺ 책상을 닦는다.

❻ 가방을 쌌다.

❼ 연필을 깎았다.

❽ 재료를 섞었다.

❾ 그림자가 생겨요.

❿ 정말 신기하다.

② 빈칸을 채우며 따라 써 보세요.

❶ 낚 　 를 V 　 요 .

❷ 　 을 V 　 는 .

❸ 모 　 를 V 　 다 .

❹ 　 을 V 　 다 .

❺ 책 　 을 V 　 는 .

❻ 　 방 　 V 쌌 .

❼ 연 　 을 V 　 았 .

❽ 　 료 　 V 섞 　 다 .

❾ 그 　 자 　 V 생 　 요 .

❿ 　 말 　 V 　 기 　 다 .

③ 빈칸을 채우며 따라 써 보세요.

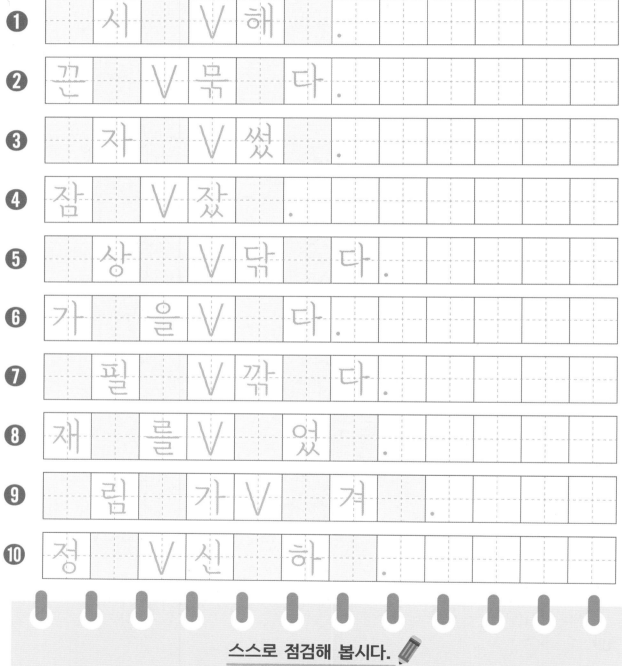

❶ 　시　 V 해 　.

❷ 끈　 V 묵 다 .

❸ 　자　 V 썼 .

❹ 잠　 V 잤 　.

❺ 　상　 V 닦 다 .

❻ 가　 을 V 다 .

❼ 　필　 V 깎 다 .

❽ 재　 를 V 었 　.

❾ 　림　 가 V 겨 .

❿ 정　 V 신 하 .

스스로 점검해 봅시다.

▪ 앞 장을 넘겨 빈칸에 들어갈 말을 올바르게 썼는지 확인해 보세요.

➜ 실전 받아쓰기! 불러 주는 말을 잘 듣고 빈칸에 받아써 봅시다.

음성 듣기

1

2

3

4

5

6

7

8

9

10

스스로 점검해 봅시다. 🖊

- 맞춤법에 맞게 썼나요? ⋯⋯⋯⋯⋯⋯ ☐
- 바른 위치에서 띄어 썼나요? ⋯⋯⋯⋯ ☐
- 다른 사람이 잘 알아볼 수 있게
  또박또박 썼나요? ⋯⋯⋯⋯⋯⋯⋯⋯⋯ ☐

➜ 가족들과 모여서 요리를 해 볼까요? 오늘의 요리는 맛있는 피자입니다.
피자 반죽 위에 다양한 재료를 올려서 나만의 피자를 만들어요.
내가 가장 좋아하는 재료는 무엇인지도 적어 봅시다.

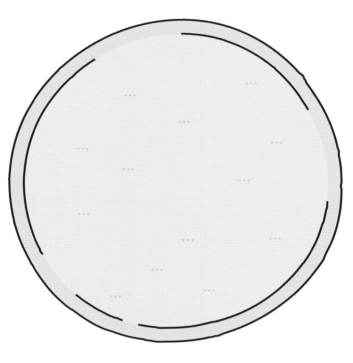

내가 가장
좋아하는 재료는
_____ 예요.

문장 개인화: 문장을 내 것으로 만들어요.

➜ 받아쓰기 2급에서 연습한 낱말을 사용하여 문장을 만들어 봅시다.

보기

낚시, 끈, 모자, 잠,
묶다, 닦다, 섞다, 생기다, 신기하다

① 아래 문장을 소리 내어 읽고, 〈보기〉의 어떤 낱말이 쓰였는지 ○ 하세요.

설	탕	에		소	다	를		섞	으	면
신	기	하	게		달	고	나	가		된다.

② 바르게 따라 써 보세요.

설	탕	에		소	다	를		섞	으	면
신	기	하	게		달	고	나	가		된다.

③ 〈보기〉의 낱말을 2개 이상 넣어 짧은 글을 써 봅시다.

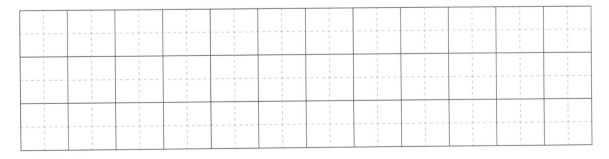

STEP 1 바르게 읽어야 바르게 쓸 수 있어요.

➜ 빨간색 글자의 발음에 주의하며 낱말과 문장을 따라 읽어 봅시다.
불러 주는 말을 들으며 또박또박 따라 읽으세요.
발음, 띄어 읽기, 억양까지 똑같이 읽으려고 노력하세요.
여러분의 읽기 실력이 쑥쑥 자라날 거예요.

음성 듣기

❶ 동물의 울음소리

❷ 노래를 불러 봅시다.

❸ 흉내 내는 말

❹ 싹을 틔웠습니다.

❺ 비가 내렸습니다.

❻ 햇볕이 내리쬐었습니다.

❼ 꽃을 피웠습니다.

❽ 나뭇잎이 움직입니다.

❾ 고양이가 웁니다.

❿ 구름이 떠 있습니다.

낱말을 정확히 알아야 나중에 또 만나도 기억할 수 있어요.

➜ 낱말의 뜻을 알아봅시다.

• 흉내

아, 정말 걱정이야.
국어 시간에 역할놀이를 하는데,
도깨비 역할을 맡게 되었어.

도깨비? 재미있겠는데
뭐가 걱정이야?

어떻게 해야 도깨비 **흉내**를
실감 나게 낼 수 있을까
고민되어서 그래.

하긴 우리가 도깨비를
만난 적이 없으니까.
아, 좋은 생각이 났어.
도깨비가 나오는 그림책을 찾아보자.

으앙!

어린이 도서관

뜻을 생각하며, 낱말과 문장을 익혀 보아요.

➡ 글씨를 쓰는 순서와 글자의 모양에 유의하며 써 봅시다.

① 낱말과 문장을 따라 써 보세요.

❶ 동물의 울음소리

❷ 노래를 불러 봅시다.

❸ 흉내 내는 말

❹ 싹을 틔웠습니다.

❺ 비가 내렸습니다.

❻ 햇볕이 내리쬐었습니다.

❼ 꽃을 피웠습니다.

❽ 나뭇잎이 움직입니다.

❾ 고양이가 웁니다.

❿ 구름이 떠 있습니다.

색칠해진 칸에 글씨를
채우는 거야.

② 빈칸을 채우며 따라 써 보세요.

① 동 의 V V 음 리

② 래 V 불 V 뽑 다 .

③ 흉 V 내 V 말

④ 을 V 웠 니 .

⑤ 비 V 내 습 다 .

⑥ 볕 V 내 쬐 습 다 .

⑦ 꽃 V 피 습 다 .

⑧ 묫 이 V 직 니 .

⑨ 고 이 V 웁 다 .

⑩ 름 V 떠 V 습 다 .

③ 빈칸을 채우며 따라 써 보세요.

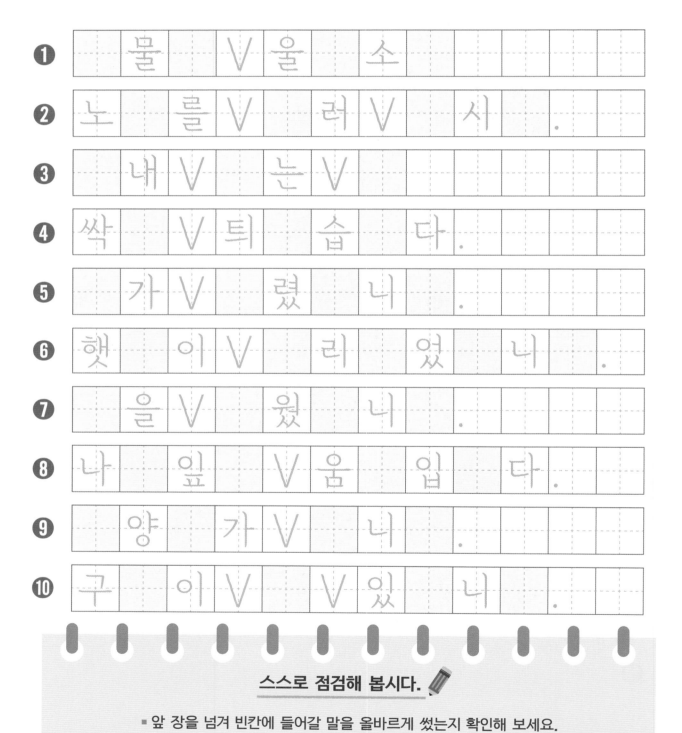

❶ 　 물 　 ∨ 울 　 소 　 　 　 　 　 　

❷ 노 　 를 ∨ 　 려 ∨ 　 시 　 . 　 　

❸ 　 내 ∨ 　 는 ∨ 　 　 　 　 　 　 　

❹ 싹 　 ∨ 틔 　 습 　 다 . 　 　 　 　

❺ 　 가 ∨ 　 렸 　 나 　 . 　 　 　 　

❻ 햇 　 이 ∨ 　 리 　 었 　 니 　 　 .

❼ 　 을 ∨ 　 웠 　 나 　 . 　 　 　 　

❽ 나 　 잎 　 ∨ 움 　 입 　 다 　 . 　

❾ 　 양 　 가 ∨ 　 니 　 . 　 　 　 　

❿ 구 　 이 ∨ 　 ∨ 있 　 니 　 　 . 　

스스로 점검해 봅시다. ✏

■ 앞 장을 넘겨 빈칸에 들어갈 말을 올바르게 썼는지 확인해 보세요.

➡ 실전 받아쓰기! 불러 주는 말을 잘 듣고 빈칸에 받아써 봅시다.

❶

❷

❸

❹

❺

❻

❼

❽

❾

❿

스스로 점검해 봅시다.

- 맞춤법에 맞게 썼나요? ················· ☐
- 바른 위치에서 띄어 썼나요? ············· ☐

- 다른 사람이 잘 알아볼 수 있게
  또박또박 썼나요? ····························· ☐

STEP 4 낱말 개인화: 낱말을 내 것으로 만들어요.

➜ 씨앗이 싹을 틔우고, 꽃을 피우는 과정을 순서대로 적어 봅시다.
무슨 색 꽃이 피었을까요? 각자 좋아하는 색으로 꽃잎을 색칠해요.

(   ) ➜ (   ) ➜ (   ) ➜ ❹

❶   ❷

❸   ❹

새싹과 꽃이
자라는 모습을
관찰해 본 적이
있니?

STEP 5 문장 개인화: 문장을 내 것으로 만들어요.

➜ 받아쓰기 3급에서 연습한 낱말을 사용하여 문장을 만들어 봅시다.

보기

동물, 노래, 싹, 햇볕, 꽃, 고양이,
부르다, 틔우다, 피우다, 울다

① 아래 문장을 소리 내어 읽고, 〈보기〉의 어떤 낱말이 쓰였는지 ○ 하세요.

	고	양	이	가		햇	볕	을		쬐	며
낮	잠	을		자	고		있	었	다	.	

② 바르게 따라 써 보세요.

	고	양	이	가		햇	볕	을		쬐	며
낮	잠	을		자	고		있	었	다	.	

③ 〈보기〉의 낱말을 2개 이상 넣어 짧은 글을 써 보세요.

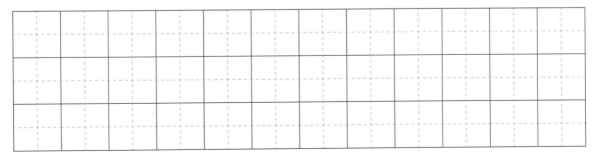

STEP 1 바르게 읽어야 바르게 쓸 수 있어요.

➜ 빨간색 글자의 발음에 주의하며 낱말과 문장을 따라 읽어 봅시다.
불러 주는 말을 들으며 또박또박 따라 읽으세요.
발음, 띄어 읽기, 억양까지 똑같이 읽으려고 노력하세요.
여러분의 읽기 실력이 쑥쑥 자라날 거예요.

음성 듣기

❶ 자 전 거 를   탄   사 람

❷ 두   눈 이   빛 납 니 다 .

❸ 가 슴 이   벌 렁 벌 렁

❹ 바 람 이   씽 씽

❺ 즐 거 운   단 풍   구 경

❻ 모 래 성 을   쌓 았 다 .

❼ 돌 을   얹 다 .

❽ 물 이   없 어 .

❾ 강 아 지 가   가 엾 다 .

❿ 이 제   괜 찮 아 ?

낱말을 정확히 알아야 나중에 또 만나도 기억할 수 있어요.

➡ 낱말의 뜻을 알아봅시다.

• 구경

뜻을 생각하며, 낱말과 문장을 익혀 보아요.

➜ 글씨를 쓰는 순서와 글자의 모양에 유의하며 써 봅시다.

① 낱말과 문장을 따라 써 보세요.

❶ 자 전 거 를 　 탄 　 사 람

❷ 두 　 눈 이 　 빛 납 니 다 .

❸ 가 슴 이 　 벌 렁 벌 렁

❹ 바 람 이 　 씽 씽

❺ 즐 거 운 　 단 풍 　 구 경

❻ 모 래 성 을 　 쌓 았 다 .

❼ 돌 을 　 얹 다 .

❽ 물 이 　 없 어 .

❾ 강 아 지 가 　 가 엾 다 .

❿ 이 제 　 괜 찮 아 ?

색칠해진 칸에 글씨를
채우는 거야.

② 빈칸을 채우며 따라 써 보세요.

❶ | 자 | | 거 | | ∨ | 탄 | ∨ | | 람 | | | |

❷ | | ∨ | 눈 | | ∨ | 빛 | | 니 | | . | | |

❸ | 가 | | 이 | ∨ | | 렁 | | 렁 | | | | |

❹ | | 람 | | ∨ | 씽 | | | | | | | |

❺ | 츨 | | 운 | ∨ | | 풍 | ∨ | | 경 | | | |

❻ | | 래 | | 을 | ∨ | | 았 | | . | | | |

❼ | 돌 | | ∨ | 얹 | | . | | | | | | |

❽ | | 이 | ∨ | | 어 | . | | | | | | |

❾ | 강 | | 지 | | ∨ | 가 | | 다 | . | | | |

❿ | | 제 | ∨ | | 찮 | | ? | | | | | |

37

③ 빈칸을 채우며 따라 써 보세요.

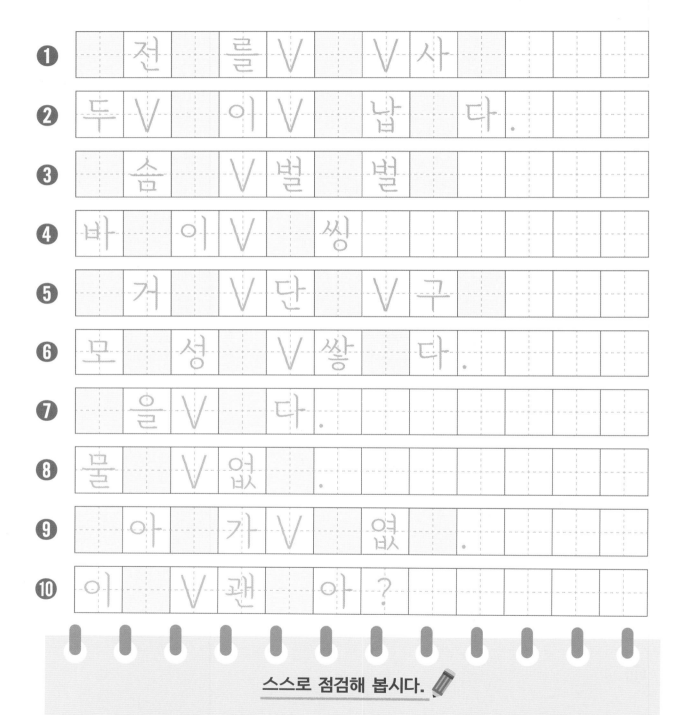

❶   전   를 V   V 사

❷ 두 V   이 V   납   다 .

❸   솜   V 별   별

❹ 바   이 V   씽

❺   거   V 단   V 구

❻ 모   성   V 쌓   다 .

❼   을 V   다 .

❽ 물   V 없   .

❾ 아   가 V   없   .

❿ 이   V 괜   아 ?

스스로 점검해 봅시다. ✏

▪ 앞 장을 넘겨 빈칸에 들어갈 말을 올바르게 썼는지 확인해 보세요.

➜ 실전 받아쓰기! 불러 주는 말을 잘 듣고 빈칸에 받아써 봅시다.

음성 듣기

❶

❷

❸

❹

❺

❻

❼

❽

❾

❿

스스로 점검해 봅시다. ✏️

- 맞춤법에 맞게 썼나요? ·············· ☐
- 바른 위치에서 띄어 썼나요? ·········· ☐

- 다른 사람이 잘 알아볼 수 있게
  또박또박 썼나요? ····························· ☐

낱말 개인화: 낱말을 내 것으로 만들어요.

➜ 그림의 모양을 보고 <보기>에서 흉내 내는 말을 찾아 써 봅시다.

보기

뒤뚱뒤뚱, 벌렁벌렁, 씽씽, 냠냠

모양	흉내 내는 말

STEP 5 : 문장 개인화: 문장을 내 것으로 만들어요.

➜ 받아쓰기 4급에서 연습한 낱말을 사용하여 문장을 만들어 봅시다.

> **보기**
>
> 자전거, 벌렁벌렁, 씽씽, 단풍, 강아지,
> 쌓다, 엎다, 없다, 가엾다, 괜찮다

① 아래 문장을 소리 내어 읽고, 〈보기〉의 어떤 낱말이 쓰였는지 ○ 하세요.

자	전	거	를		타	고		씽	씽
달	려	서		공	원	에		도	착	했	다.

② 바르게 따라 써 보세요.

자	전	거	를		타	고		씽	씽
달	려	서		공	원	에		도	착	했	다.

③ 〈보기〉의 낱말을 2개 이상 넣어 짧은 글을 써 봅시다.

STEP 1 바르게 읽어야 바르게 쓸 수 있어요.

음성 듣기

➡ 빨간색 글자의 발음에 주의하며 문장을 따라 읽어 봅시다.
불러 주는 말을 들으며 또박또박 따라 읽으세요.
발음, 띄어 읽기, 억양까지 똑같이 읽으려고 노력하세요.
여러분의 읽기 실력이 쑥쑥 자라날 거예요.

❶ 어떻게 표현할까요?

❷ 친구들이 응원을 합니다.

❸ 아이들이 만세를 부릅니다.

❹ 달릴 준비를 합니다.

❺ 어떤 마술을 보여 줄까?

❻ 우리는 궁금했습니다.

❼ 모두 여기를 보세요.

❽ 오늘 이야기 재미있었나요?

❾ 집에 가서 뭐 할 거야?

❿ 동화책 읽을 거야.

낱말을 정확히 알아야 나중에 또 만나도 기억할 수 있어요.

➜ 낱말의 뜻을 알아봅시다.

• 응원

뜻을 생각하며, 낱말과 문장을 익혀 보아요.

➜ 글씨를 쓰는 순서와 글자의 모양에 유의하며 써 봅시다.

① 문장을 따라 써 보세요.

❶ 어떻게 표현할까요?

❷ 친구들이 응원을 합니다.

❸ 아이들이 만세를 부릅니다.

❹ 달릴 준비를 합니다.

❺ 어떤 마술을 보여 줄까?

❻ 우리는 궁금했습니다.

❼ 모두 여기를 보세요.

❽ 오늘 이야기 재미있었나요?

❾ 집에 가서 뭐 할 거야?

❿ 동화책 읽을 거야.

색칠해진 칸에 글씨를
채우는 거야.

② 빈칸을 채우며 따라 써 보세요.

1 | 어 | | 게 | V | | 현 | | 까 | | ? | | | | |

2 | | 구 | | 이 | V | | 원 | V | 합 | | 다 | . | | |

3 | 아 | | 들 | | V | 만 | | 를 | V | | 릅 | | 다 | . |

4 | | 릴 | V | | 비 | | V | 합 | | 다 | . | | | |

5 | 어 | | V | 마 | | 을 | V | | 여 | V | | 까 | ? | |

6 | | 리 | | V | 궁 | | 했 | | 니 | | . | | | |

7 | 모 | | V | 여 | | 를 | V | | 세 | | . | | | |

8 | | 놀 | V | | 야 | | V | 재 | | 있 | | 나 | | ? |

9 | 집 | | V | 가 | | V | 뭐 | V | | V | 거 | | ? | |

10 | | 화 | | V | 읽 | | V | 거 | | . | | | | |

45

③ 빈칸을 채우며 따라 써 보세요.

1 | | 떻 | | ∨ | 표 | | 할 | | 요 | ? | | | | |

2 찬 | | 돌 | | ∨ | 응 | 울 | ∨ | | 니 | | | . | | |

3 | | 이 | | 이 | ∨ | | 세 | | ∨ | 부 | | 니 | | . |

4 달 | | ∨ | 춘 | | 를 | ∨ | | 니 | | | . | | | |

5 | | 떤 | ∨ | | 술 | | ∨ | 보 | | ∨ | 줄 | | ? | |

6 우 | | 는 | ∨ | | 금 | | 습 | | 다 | . | | | | |

7 | | 두 | ∨ | | 가 | | ∨ | 보 | | 요 | . | | | |

8 오 | | ∨ | 이 | | 가 | ∨ | | 미 | | 었 | | 요 | ? | |

9 | | 에 | ∨ | | 서 | ∨ | | ∨ | 할 | ∨ | | 야 | ? | |

10 동 | | 책 | ∨ | | 을 | ∨ | | 야 | . | | | | | |

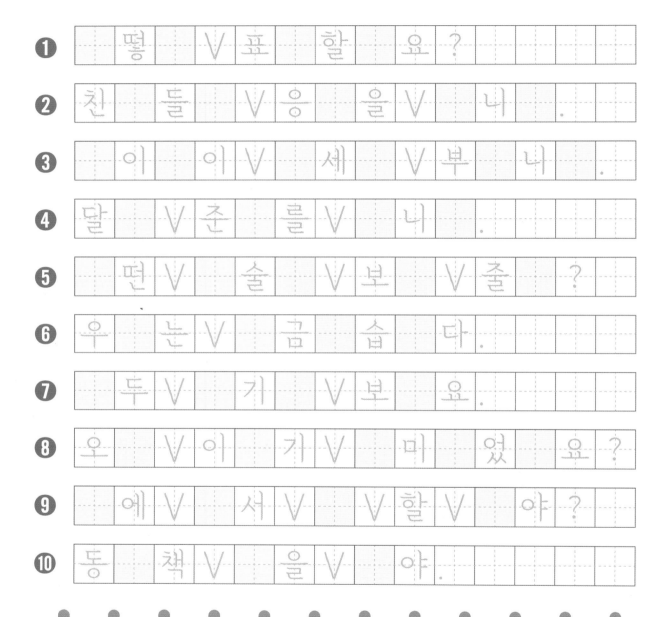

스스로 점검해 봅시다. ✏️

■ 앞 장을 넘겨 빈칸에 들어갈 말을 올바르게 썼는지 확인해 보세요.

➜ 실전 받아쓰기! 불러 주는 말을 잘 듣고 빈칸에 받아써 봅시다.

❶

❷

❸

❹

❺

❻

❼

❽

❾

❿

스스로 점검해 봅시다. ✏

- 맞춤법에 맞게 썼나요? ················· ☐
- 바른 위치에서 띄어 썼나요? ············· ☐

- 다른 사람이 잘 알아볼 수 있게
  또박또박 썼나요? ···························· ☐

낱말 개인화: 낱말을 내 것으로 만들어요.

➜ 자전거를 타기 전에 준비해야 할 것을 알아봅시다. 우선 보호 장비를 착용해야겠죠.
각 보호 장비의 이름을 <보기>에서 찾아 써넣어 봅시다.

보기

안전모, 무릎 보호대, 보호 장갑, 팔꿈치 보호대

팔	꿈	치	V			

보	호	V		

무	릎	V	보	호	대

➜ 받아쓰기 5급에서 연습한 낱말을 사용하여 문장을 만들어 봅시다.

보기

응원, 만세, 준비, 이야기, 동화책,
표현하다, 달리다, 궁금하다, 재미있다

① 아래 문장을 소리 내어 읽고, 〈보기〉의 어떤 낱말이 쓰였는지 ◯ 하세요.

	쌩	쌩		달	리	는		백	군		선	수	를
힘	껏		응	원	했	다	.	백	군		만	세	!

② 바르게 따라 써 보세요.

③ 〈보기〉의 낱말을 2개 이상 넣어 짧은 글을 써 보세요.

STEP 1 바르게 읽어야 바르게 쓸 수 있어요.

→ 빨간색 글자의 발음에 주의하며 문장을 따라 읽어 봅시다.
불러 주는 말을 들으며 또박또박 따라 읽으세요.
발음, 띄어 읽기, 억양까지 똑같이 읽으려고 노력하세요.
여러분의 읽기 실력이 쑥쑥 자라날 거예요.

음성 듣기

❶ 나뭇잎이 꽃잎처럼 보입니다.

❷ 동생이 김밥을 먹습니다.

❸ 모두 즐겁게 웃습니다.

❹ 호수가 잔잔합니다.

❺ 사람들이 배를 탑니다.

❻ 나무가 바람에 흔들립니다.

❼ 버럭 소리를 질렀어요.

❽ 서로 조금씩만 양보하렴.

❾ 화해하는 모습을 보여 줘.

❿ 사자는 정말 지혜롭다니까.

STEP 2 : 낱말을 정확히 알아야 나중에 또 만나도 기억할 수 있어요.

➜ 낱말의 뜻을 알아봅시다.

- 화해

꼬미야, 나 너무 속상해.
아까 축구할 때 나한테
패스도 안 해 주고…….

미안해, 토리야.
내가 멋진 슛을 넣고 싶은
마음에 욕심을 부렸어.

괜찮아.
다음에는 나한테도
꼭 공을 줘.

화해하니까 기분이 좋아!
앞으로도 서로에게 섭섭한 일이
생기면 솔직하게 이야기하자.

뜻을 생각하며, 낱말과 문장을 익혀 보아요.

➜ 글씨를 쓰는 순서와 글자의 모양에 유의하며 써 봅시다.

① 문장을 따라 써 보세요.

❶ 나뭇잎이 꽃잎처럼 보입니다.

❷ 동생이 김밥을 먹습니다.

❸ 모두 즐겁게 웃습니다.

❹ 호수가 잔잔합니다.

❺ 사람들이 배를 탑니다.

❻ 나무가 바람에 흔들립니다.

❼ 버럭 소리를 질렀어요.

❽ 서로 조금씩만 양보하렴.

❾ 화해하는 모습을 보여 줘.

❿ 사자는 정말 지혜롭다니까.

색칠해진 칸에 글씨를
채우는 거야.

② 빈칸을 채우며 따라 써 보세요.

❶ 나 잎 V 꽃 처 V 보 니 .

❷ 생 V 김 을 V 습 다 .

❸ 모 V 즐 게 V 습 다 .

❹ 수 V 잔 합 다 .

❺ 사 들 V 배 V 탑 다 .

❻ 무 V 바 에 V 들 니 .

❼ 버 V 소 를 V 렸 요 .

❽ 론 V 금 만 V 보 렴 .

❾ 화 하 V 모 을 V 여 V .

❿ 자 V 정 V 지 롭 니 .

53

③ 빈칸을 채우며 따라 써 보세요.

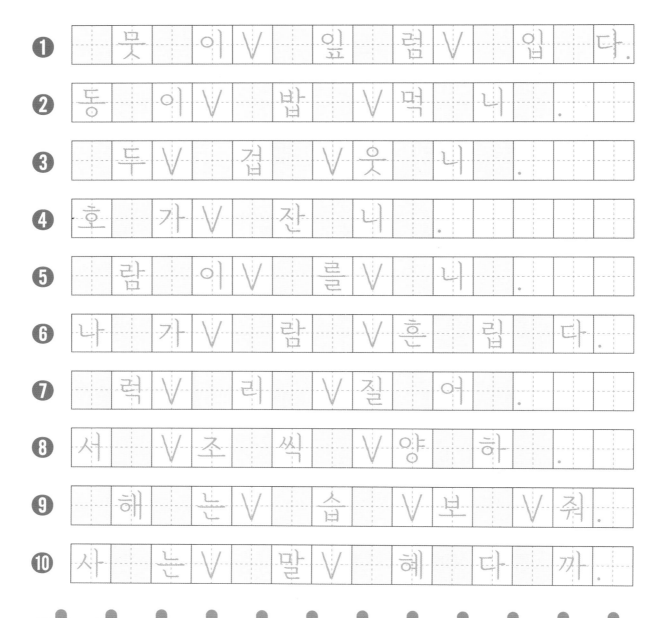

❶ | | 뭇 | | 이 ∨ | | 잎 | 럼 ∨ | | 입 | | 다.
❷ 동 | | 이 ∨ | | 밥 | | ∨ 먹 | | 니 | | .
❸ | 두 ∨ | | 겹 | ∨ 웃 | | 니 | | .
❹ 호 | | 가 ∨ | | 잔 | | 니 | . |
❺ | 람 | 이 ∨ | | 를 ∨ | | 니 | | . |
❻ 나 | 가 ∨ | | 람 | ∨ 훈 | | 립 | | 다. |
❼ | 럭 ∨ | 리 | | ∨ 질 | | 어 | | . |
❽ 서 | | ∨ 조 | 씩 | | ∨ 양 | | 하 | | . |
❾ | 해 | 눈 ∨ | | 습 | | ∨ 보 | | ∨ 줘 | . |
❿ 사 | 눈 ∨ | | 말 | ∨ | 혜 | | 다 | 까 | . |

스스로 점검해 봅시다. ✏️

▪ 앞 장을 넘겨 빈칸에 들어갈 말을 올바르게 썼는지 확인해 보세요.

➜ 실전 받아쓰기! 불러 주는 말을 잘 듣고 빈칸에 받아써 봅시다.

음성 듣기

1

2

3

4

5

6

7

8

9

10

스스로 점검해 봅시다.

- 맞춤법에 맞게 썼나요? ················· ☐
- 바른 위치에서 띄어 썼나요? ············· ☐
- 다른 사람이 잘 알아볼 수 있게 또박또박 썼나요? ····························· ☐

STEP 4 낱말 개인화: 낱말을 내 것으로 만들어요.

➜ 그림을 보고 말 붙이기를 하여 문장을 자세히 써 봅시다.

보기	배가 아팠다.
왜?	<u>아이스크림</u> 을/를 <u>먹어서</u> 배가 아팠다.
어떻게?	<u>아이스크림</u> 을/를 <u>먹어서</u> 배가 <u>쑤시듯이</u> 아팠다.

	배가 불렀다.
왜?	_____ 을/를 _____ 배가 불렀다.
어떻게?	_____ 을/를 _____ 배가 _____ 불렀다.

STEP 5 **문장 개인화: 문장을 내 것으로 만들어요.**

➜ 받아쓰기 6급에서 연습한 낱말을 사용하여 문장을 만들어 봅시다.

보기

나뭇잎, 꽃잎, 동생, 호수, 버럭,
잔잔하다, 양보하다, 화해하다, 지혜롭다

① 아래 문장을 소리 내어 읽고, 〈보기〉의 어떤 낱말이 쓰였는지 ○ 하세요.

	잔	잔	한		호	수	에		울	긋	불	긋
물	든		나	뭇	잎	이		비	쳤	다	.	

② 바르게 따라 써 보세요.

	잔	잔	한		호	수	에		울	긋	불	긋
물	든		나	뭇	잎	이		비	쳤	다	.	

③ 〈보기〉의 낱말을 2개 이상 넣어 짧은 글을 써 보세요.

STEP 1 바르게 읽어야 바르게 쓸 수 있어요.

➜ 빨간색 글자의 발음에 주의하며 낱말과 문장을 따라 읽어 봅시다.
불러 주는 말을 들으며 또박또박 따라 읽으세요.
발음, 띄어 읽기, 억양까지 똑같이 읽으려고 노력하세요.
여러분의 읽기 실력이 쑥쑥 자라날 거예요.

음성 듣기

❶ 귀 기울여 들어요.

❷ 선물을 준비하지 못한 까닭

❸ 내 꿈은 요리사입니다.

❹ 세계 여러 나라의 음식

❺ 무럭무럭 자랄 테니까 !

❻ 아무 말도 하지 못했어요.

❼ 사람들은 깜짝 놀랐어요.

❽ 밥을 잘 먹어요.

❾ 아침에 일찍 일어나요.

❿ 흉내를 잘 낼 수 있어요.

58

➡ 낱말의 뜻을 알아봅시다.

- 음식   · 까닭

수요일 급식 시간은
'음식 남기지 않는 날'이에요.
음식을 남기지 않고 골고루 먹어야 하는
까닭을 누가 말해 볼까요?

선생님, 저요!
음식을 남기면
환경이 오염되기
때문이에요.

음식을 남기기 않고 골고루 먹으면
몸도 건강해지고 키도 쑥쑥 자라니까요.

토리와 꼬미가
잘 이야기해 주었어요.
우리 모두 급식을
남기지 말고 맛있게
먹도록 해요~.

까닭은 일이 생기게 된 원인이나 조건을 말해요.
이가 썩는 까닭은 양치질을 제대로 못 했거나
단 음식을 많이 먹어서 충치가 생기기 때문이지요.

뜻을 생각하며, 낱말과 문장을 익혀 보아요.

➜ 글씨를 쓰는 순서와 글자의 모양에 유의하며 써 봅시다.

① 낱말과 문장을 따라 써 보세요.

❶ 귀 기울여 들어요.

❷ 선물을 준비하지 못한 까닭

❸ 내 꿈은 요리사입니다.

❹ 세계 여러 나라의 음식

❺ 무럭무럭 자랄 테니까!

❻ 아무 말도 하지 못했어요.

❼ 사람들은 깜짝 놀랐어요.

❽ 밥을 잘 먹어요.

❾ 아침에 일찍 일어나요.

❿ 흉내를 잘 낼 수 있어요.

색칠해진 칸에 글씨를
채우는 거야.

② 빈칸을 채우며 따라 써 보세요.

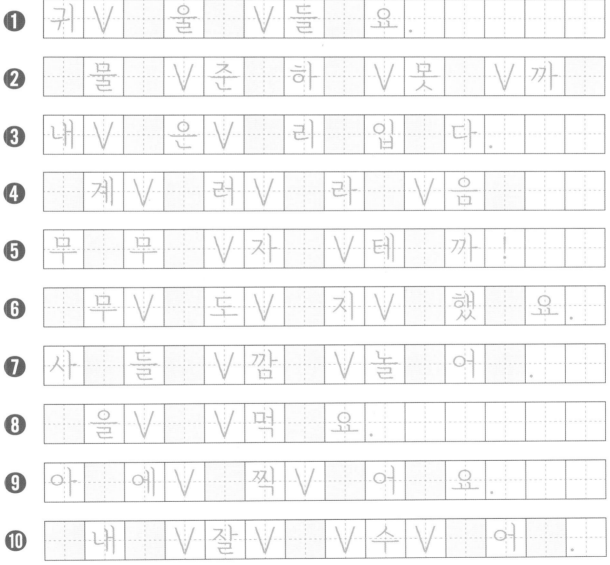

❶ 귀 V 울 V 들 요.

❷ 물 V 준 하 V 못 V 까

❸ 내 V 운 V 리 입 다.

❹ 계 V 러 V 라 V 음

❺ 무 무 V 자 V 테 까 !

❻ 무 V 도 V 지 V 했 요.

❼ 사 들 V 깜 V 놀 어 .

❽ 을 V V 먹 요.

❾ 아 에 V 찍 V 어 요.

❿ 내 V 잘 V V 수 V 어 .

③ 빈칸을 채우며 따라 써 보세요.

❶ ⌄ 기 여 ⌄ 어 .

❷ 선 울 ⌄ 비 지 ⌄ 한 ⌄ 닭

❸ ⌄ 꿈 ⌄ 요 사 니 .

❹ 세 ⌄ 여 ⌄ 나 의 ⌄ 식

❺ 력 력 ⌄ 랄 ⌄ 니 !

❻ 아 ⌄ 말 ⌄ 하 ⌄ 못 어 .

❼ 람 은 ⌄ 짝 ⌄ 랐 요 .

❽ 밥 ⌄ 잘 ⌄ 어 .

❾ 침 ⌄ 일 ⌄ 일 나 .

❿ 흉 를 ⌄ ⌄ 낼 ⌄ ⌄ 있 요 .

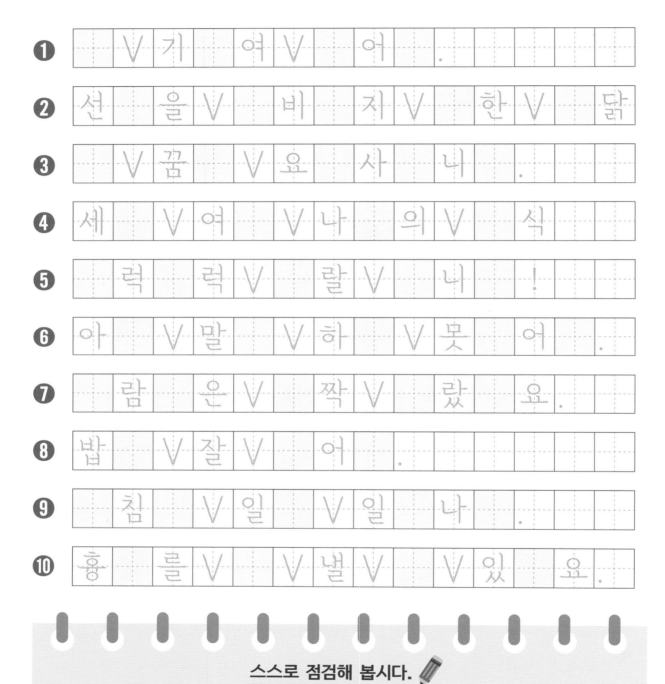

스스로 점검해 봅시다. ✏️

▪ 앞 장을 넘겨 빈칸에 들어갈 말을 올바르게 썼는지 확인해 보세요.

➜ 실전 받아쓰기! 불러 주는 말을 잘 듣고 빈칸에 받아써 봅시다.

음성 듣기

❶

❷

❸

❹

❺

❻

❼

❽

❾

❿

스스로 점검해 봅시다. ✏

▪ 맞춤법에 맞게 썼나요? ·················· ☐   ▪ 다른 사람이 잘 알아볼 수 있게

▪ 바른 위치에서 띄어 썼나요? ·············· ☐   또박또박 썼나요? ······························ ☐

낱말 개인화: 낱말을 내 것으로 만들어요.

➜ 세계 여러 나라의 음식을 살펴보고, <보기>에서 음식 이름을 찾아 적어 봅시다.

초밥, 케밥, 피자, 김치, 딤섬, 쌀국수

대한민국

_____

일본

_____

중국

_____

터키

_____

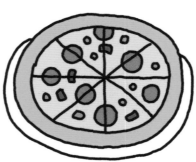

이탈리아

_____

베트남

_____

STEP 5 : 문장 개인화: 문장을 내 것으로 만들어요.

➔ 받아쓰기 7급에서 연습한 낱말을 사용하여 문장을 만들어 봅시다.

보기

선물, 까닭, 요리사, 세계, 무럭무럭,
준비하다, 자라다, 놀라다, 먹다, 일어나다

① 아래 문장을 소리 내어 읽고, 〈보기〉의 어떤 낱말이 쓰였는지 ○ 하세요.

아	침	에		일	어	나	니		머	리	맡	에
선	물	이		있	어	서		깜	짝		놀	랐	다	.

② 바르게 따라 써 보세요.

아	침	에		일	어	나	니		머	리	맡	에
선	물	이		있	어	서		깜	짝		놀	랐	다	.

③ 〈보기〉의 낱말을 2개 이상 넣어 짧은 글을 써 보세요.

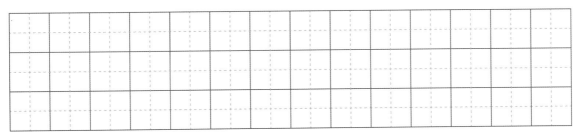

STEP 1 바르게 읽어야 바르게 쓸 수 있어요.

➜ 빨간색 글자의 발음에 주의하며 낱말과 문장을 따라 읽어 봅시다.
불러 주는 말을 들으며 또박또박 따라 읽으세요.
발음, 띄어 읽기, 억양까지 똑같이 읽으려고 노력하세요.
여러분의 읽기 실력이 쑥쑥 자라날 거예요.

음성 듣기

❶ 노랫말을 바꾸어 보세요.

❷ 누구와 짝꿍이 되었나요?

❸ 꼭 안전띠를 매요.

❹ 차에서 내리기 전에

❺ 좌우를 꼭 살펴요.

❻ 문에 끼지 않게 조심해요.

❼ 얘들아, 우리 집에 와.

❽ 즐거운 일이 있을 때

❾ 알을 모두 꺼내 가야지.

❿ 지금은 안 됩니다.

낱말을 정확히 알아야 나중에 또 만나도 기억할 수 있어요.

➜ 낱말의 뜻을 알아봅시다.

• 조심

이야, 신난다!

아이코!

토리야, 괜찮아?
자전거 손잡이를
잘 잡고 타야지.
정말 큰일 날 뻔했잖아.

으아앙!

머리 많이 아프지?
다른 곳은 괜찮니?
앞으로는 다치지 않게 조심하렴.

뜻을 생각하며, 낱말과 문장을 익혀 보아요.

➜ 글씨를 쓰는 순서와 글자의 모양에 유의하며 써 봅시다.

① 낱말과 문장을 따라 써 보세요.

❶ 노랫말을 바꾸어 보세요.

❷ 누구와 짝꿍이 되었나요?

❸ 꼭 안전띠를 매요.

❹ 차에서 내리기 전에

❺ 좌우를 꼭 살펴요.

❻ 문에 끼지 않게 조심해요.

❼ 얘들아, 우리 집에 와.

❽ 즐거운 일이 있을 때

❾ 알을 모두 꺼내 가야지.

❿ 지금은 안 됩니다.

색칠해진 칸에 글씨를
채우는 거야.

② 빈칸을 채우며 따라 써 보세요.

1 노 | 말 | | V | 바 | | 어 | V | | 세 | | . | |

2 | 구 | | V | 짝 | | 이 | V | | 었 | | 요 | ?

3 꼭 | V | | 전 | | 를 | V | | 요 | . | |

4 | 에 | | V | 내 | | 기 | V | | 에 | | |

5 좌 | | 를 | V | | V | 살 | | 요 | . | |

6 | 에 | V | | 지 | V | | 계 | V | | 심 | | 요 | .

7 애 | | 아 | , | | 리 | V | | 에 | V | | . |

8 | 거 | | V | 일 | | V | 있 | | V | 때 | |

9 알 | | V | 모 | | V | 꺼 | | V | 가 | | 지 | .

10 | 금 | | V | 안 | V | | 나 | | | . |

③ 빈칸을 채우며 따라 써 보세요.

❶ | | 랫 | | 을 | ∨ | 꾸 | ∨ | 보 | 요 | . | |

❷ 누 | 와 | ∨ | 꿍 | ∨ | 되 | 나 | ? |

❸ | ∨ | 안 | | 띠 | ∨ | 매 | . |

❹ 차 | | 서 | ∨ | 리 | | ∨ | 전 | |

❺ | 우 | | ∨ | 꼭 | ∨ | 펴 | | . |

❻ 문 | | ∨ | 까 | | ∨ | 않 | | ∨ | 조 | | 해 | | . |

❼ | 둘 | | , | 우 | | ∨ | 집 | | ∨ | 와 | . |

❽ 줄 | | 운 | ∨ | 아 | ∨ | | 을 | ∨ |

❾ | 을 | ∨ | | 두 | ∨ | 내 | ∨ | | 야 | | . |

❿ 지 | | 운 | ∨ | | ∨ | 돕 | | 다 | . |

스스로 점검해 봅시다. 🖊

- 앞 장을 넘겨 빈칸에 들어갈 말을 올바르게 썼는지 확인해 보세요.

➔ 실전 받아쓰기! 불러 주는 말을 잘 듣고 빈칸에 받아써 봅시다.

1

2

3

4

5

6

7

8

9

10

스스로 점검해 봅시다. ✏️

- 맞춤법에 맞게 썼나요? ·················· ☐
- 바른 위치에서 띄어 썼나요? ··············· ☐
- 다른 사람이 잘 알아볼 수 있게
  또박또박 썼나요? ····················· ☐

낱말 개인화: 낱말을 내 것으로 만들어요.

➜ **올바른 안전띠 착용법에 대해 알아보고 실천해 봅시다.**

① 안전띠를 매요.

　딸깍 소리가 나게 안전띠를 채운 후, 다시 잡아당겨 잘 채워졌는지 확인해요.

② 안전띠를 펴요.

　안전띠가 꼬인 부분은 없는지 확인하고, 꼬인 부분이 있다면 펴서 바르게 고쳐 매요.

③ 안전띠를 확인해요.

　안전띠가 오른쪽 어깨뼈와 왼쪽 골반뼈를 지나는지 확인해요.

STEP 5 ┊ 문장 개인화: 문장을 내 것으로 만들어요.

➜ 받아쓰기 8급에서 연습한 낱말을 사용하여 문장을 만들어 봅시다.

보기

노랫말, 짝꿍, 안전띠, 차,
매다, 내리다, 조심하다, 즐겁다

① 아래 문장을 소리 내어 읽고, 〈보기〉의 어떤 낱말이 쓰였는지 ○ 하세요.

	내	짝	꿍	이		새	로		산		자	전
거	를		즐	겁	게		탔	다	.			

② 바르게 따라 써 보세요.

	내	짝	꿍	이		새	로		산		자	전
거	를		즐	겁	게		탔	다	.			

③ 〈보기〉의 낱말을 2개 이상 넣어 짧은 글을 써 보세요.

STEP 1 · 바르게 읽어야 바르게 쓸 수 있어요.

➜ 빨간색 글자의 발음에 주의하며 문장을 따라 읽어 봅시다.
불러 주는 말을 들으며 또박또박 따라 읽으세요.
발음, 띄어 읽기, 억양까지 똑같이 읽으려고 노력하세요.
여러분의 읽기 실력이 쑥쑥 자라날 거예요.

음성 듣기

❶ 내가 먼저 갈 테야!

❷ 제가 꼭 양보할게요.

❸ 친구들아, 정말 반가워!

❹ 아침 독서 시간입니다.

❺ 주인공은 어떻게 될까?

❻ 우리 책 바꿔 읽자.

❼ 약속 시간을 꼭 지켜 줘.

❽ 미안해! 옷 많이 젖었니?

❾ 괜찮아. 곧 마를 거야.

❿ 함께 공놀이하자.

STEP 2 낱말을 정확히 알아야 나중에 또 만나도 기억할 수 있어요.

➜ 낱말의 뜻을 알아봅시다.

• 양보

할머니, 할아버지.
다리 아프실 텐데
여기에 앉으세요.

아이고,
자리 양보도 잘하고 참 착하구나!
고맙다 애들아~.

뜻을 생각하며, 낱말과 문장을 익혀 보아요.

➜ 글씨를 쓰는 순서와 글자의 모양에 유의하며 써 봅시다.

① 문장을 따라 써 보세요.

① 내가 먼저 갈 테야!

② 제가 꼭 양보할게요.

③ 친구들아, 정말 반가워!

④ 아침 독서 시간입니다.

⑤ 주인공은 어떻게 될까?

⑥ 우리 책 바꿔 읽자.

⑦ 약속 시간을 꼭 지켜 줘.

⑧ 미안해! 옷 많이 젖었니?

⑨ 괜찮아. 곧 마를 거야.

⑩ 함께 공놀이하자.

색칠해진 칸에 글씨를
채우는 거야.

② 빈칸을 채우며 따라 써 보세요.

❶ | 내 | | ∨ | 면 | | ∨ | 갈 | ∨ | | 야 | ! | | | | |

❷ | | 가 | ∨ | | ∨ | 양 | | 할 | | 요 | . | | | | |

❸ | 친 | | 들 | | , | 정 | | ∨ | 반 | | 워 | ! | | | |

❹ | | 참 | ∨ | | 서 | ∨ | | 간 | | 니 | . | | | | |

❺ | 주 | | 공 | | ∨ | 어 | | 게 | ∨ | | 까 | ? | | | |

❻ | | 리 | ∨ | | ∨ | 바 | | ∨ | 읽 | | . | | | | |

❼ | 약 | | ∨ | 시 | | 을 | ∨ | | ∨ | 자 | | ∨ | 줘 | . | |

❽ | | 안 | | ! | | 옷 | ∨ | | 이 | ∨ | | 었 | | ? | |

❾ | 괜 | | 아 | . | | | ∨ | 마 | | ∨ | 거 | | . | | |

❿ | | 께 | ∨ | | 놀 | | 하 | | . | | | | | | |

③ 빈칸을 채우며 따라 써 보세요.

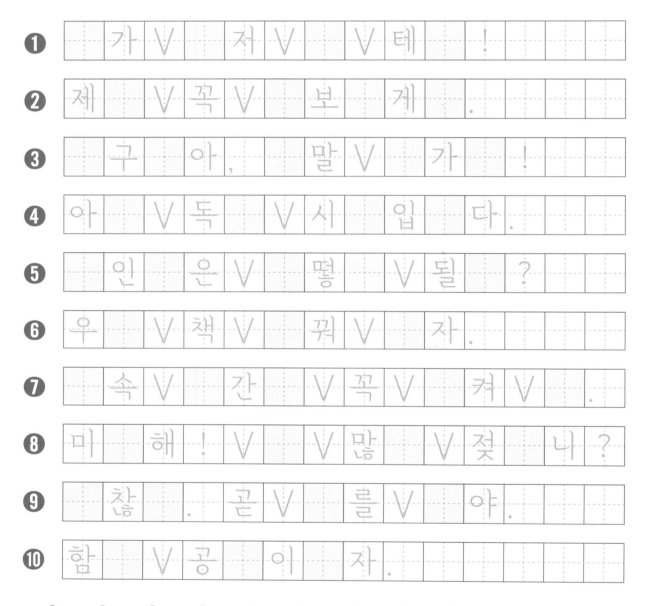

스스로 점검해 봅시다.

▪ 앞 장을 넘겨 빈칸에 들어갈 말을 올바르게 썼는지 확인해 보세요.

➜ 실전 받아쓰기! 불러 주는 말을 잘 듣고 빈칸에 받아써 봅시다.

음성 듣기

❶

❷

❸

❹

❺

❻

❼

❽

❾

❿

스스로 점검해 봅시다.

- 맞춤법에 맞게 썼나요? ·················· ☐
- 바른 위치에서 띄어 썼나요? ············· ☐
- 다른 사람이 잘 알아볼 수 있게
  또박또박 썼나요? ························· ☐

STEP 4 · 낱말 개인화: 낱말을 내 것으로 만들어요.

➜ 아침 독서 시간에 읽고 싶은 책을 골라 보았어요. 책 표지를 보고 책의 제목을 찾아 연결해 봅시다.

　　　　　　　　　　　　　　○ 흥부와 놀부

　　　　　　　　　　　　　　○ 토끼와 거북이

　　　　　　　　　　　　　　○ 벌거벗은 임금님

　　　　　　　　　　　　　　○ 헨젤과 그레텔

STEP 5 : 문장 개인화: 문장을 내 것으로 만들어요.

➜ 받아쓰기 9급에서 연습한 낱말을 사용하여 문장을 만들어 봅시다.

보기

먼저, 양보, 친구, 독서, 옷,
반갑다, 읽다, 젖다, 마르다

① 아래 문장을 소리 내어 읽고, 〈보기〉의 어떤 낱말이 쓰였는지 ○ 하세요.

| | 친 | 구 | 의 | | 편 | 지 | 가 | | 반 | 가 | 워 | 서 | |
| 단 | 숨 | 에 | | 읽 | 어 | | 내 | 려 | 갔 | 다 | . | | |

② 바르게 따라 써 보세요.

| | 친 | 구 | 의 | | 편 | 지 | 가 | | 반 | 가 | 워 | 서 | |
| 단 | 숨 | 에 | | 읽 | 어 | | 내 | 려 | 갔 | 다 | . | | |

③ 〈보기〉의 낱말을 2개 이상 넣어 짧은 글을 써 보세요.

STEP 1 바르게 읽어야 바르게 쓸 수 있어요.

➡ 빨간색 글자의 발음에 주의하며 문장을 따라 읽어 봅시다.
불러 주는 말을 들으며 또박또박 따라 읽으세요.
발음, 띄어 읽기, 억양까지 똑같이 읽으려고 노력하세요.
여러분의 읽기 실력이 쑥쑥 자라날 거예요.

음성 듣기

❶ 삼 형제가 함께 놀아요.

❷ 나무를 잘 타요.

❸ 줄무늬와 꼬리가 있어요.

❹ 나는 어떤 열매일까요?

❺ 나는 농장에서 자랍니다.

❻ 착한 임금님이 살았어요.

❼ 기다리던 토요일 아침이다.

❽ 솜사탕을 사 주셨다.

❾ 앞으로 불조심을 해야겠다.

❿ 큰 소리를 내지 않습니다.

낱말을 정확히 알아야 나중에 또 만나도 기억할 수 있어요.

➜ 낱말의 뜻을 알아봅시다.

• 무늬

뜻을 생각하며, 낱말과 문장을 익혀 보아요.

➜ 글씨를 쓰는 순서와 글자의 모양에 유의하며 써 봅시다.

① 문장을 따라 써 보세요.

❶ 삼 형제가 함께 놀아요.

❷ 나무를 잘 타요.

❸ 줄무늬와 꼬리가 있어요.

❹ 나는 어떤 열매일까요?

❺ 나는 농장에서 자랍니다.

❻ 착한 임금님이 살았어요.

❼ 기다리던 토요일 아침이다.

❽ 솜사탕을 사 주셨다.

❾ 앞으로 불조심을 해야겠다.

❿ 큰 소리를 내지 않습니다.

색칠해진 칸에 글씨를 채우는 거야.

② 빈칸을 채우며 따라 써 보세요.

1 | 삼 | V | | 제 | | V | 함 | | V | 놀 | | 요 | . |

2 | | 무 | | V | 잘 | V | | 요 | . | | | | | |

3 | 줄 | | 늬 | | V | 꼬 | | 가 | V | | 어 | | . | |

4 | | 는 | V | | 떤 | V | | 매 | | 까 | | ? | | |

5 | 나 | | V | 농 | | 에 | | V | 자 | | 니 | | . | |

6 | | 한 | V | | 금 | | 이 | V | | 았 | | 요 | | |

7 | 기 | | 리 | | V | 토 | | 일 | V | | 침 | | 다 | . |

8 | | 사 | | 을 | V | | V | 주 | | 다 | . | | | |

9 | 앞 | | 로 | V | | 조 | | 을 | V | | 야 | | 다 | . |

10 | | V | 소 | | 를 | V | | 지 | V | | 습 | | 다 | . |

③ 빈칸을 채우며 따라 써 보세요.

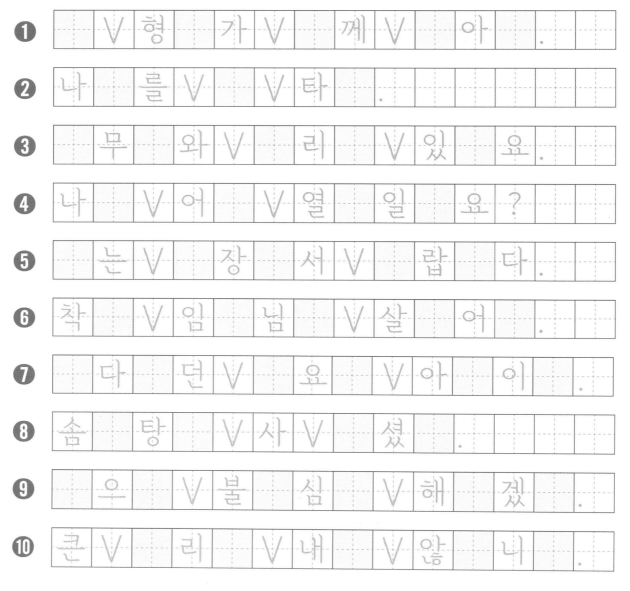

① V 형　가 V 께 V 아 ．

② 나 를 V V 타 ．

③ 무 와 V 리 V 있 요 ．

④ 나 V 어 V 열 일 요 ？

⑤ 는 V 장 서 V 랍 다 ．

⑥ 착 V 임 님 V 살 어 ．

⑦ 다 던 V 요 V 아 이 ．

⑧ 솜 탕 V 사 V 셨 ．

⑨ 우 V 불 심 V 해 겠 ．

⑩ 큰 V 리 V 내 V 않 니 ．

스스로 점검해 봅시다. ✏️

▪ 앞 장을 넘겨 빈칸에 들어갈 말을 올바르게 썼는지 확인해 보세요.

➔ 실전 받아쓰기! 불러 주는 말을 잘 듣고 빈칸에 받아써 봅시다.

음성 듣기

①

②

③

④

⑤

⑥

⑦

⑧

⑨

⑩

스스로 점검해 봅시다.

- 맞춤법에 맞게 썼나요? ····················· ☐
- 바른 위치에서 띄어 썼나요? ··············· ☐

- 다른 사람이 잘 알아볼 수 있게
  또박또박 썼나요? ································ ☐

낱말 개인화: 낱말을 내 것으로 만들어요.

➜ 달력에 군데군데 빈 곳이 있어요. 순서대로 요일과 숫자를 적어 넣어 달력을 완성해
봅시다.

10월

일	월		수		금	토
						1
2	3		5	6	7	8
9		11	12	13	14	15
16	17	18	19	20		22
23	24		26	27	28	29
30	31					

➜ 받아쓰기 10급에서 연습한 낱말을 사용하여 문장을 만들어 봅시다.

보기

함께, 줄무늬, 열매, 농장, 임금님, 솜사탕,
놀다, 타다, 자라다, 기다리다

① 아래 문장을 소리 내어 읽고, 〈보기〉의 어떤 낱말이 쓰였는지 ◯ 하세요.

	줄	무	늬		다	람	쥐	가		열	매	를	
따	려	고		나	무	를		탔	다	.			

② 바르게 따라 써 보세요.

	줄	무	늬		다	람	쥐	가		열	매	를	
따	려	고		나	무	를		탔	다	.			

③ 〈보기〉의 낱말을 2개 이상 넣어 짧은 글을 써 보세요.

STEP 1 바르게 읽어야 바르게 쓸 수 있어요.

➜ 빨간색 글자의 발음에 주의하며 낱말과 문장을 따라 읽어 봅시다.
불러 주는 말을 들으며 또박또박 따라 읽으세요.
발음, 띄어 읽기, 억양까지 똑같이 읽으려고 노력하세요.
여러분의 읽기 실력이 쑥쑥 자라날 거예요.

음성 듣기

❶ 내일이 추석이래.

❷ 가족과 나누어 먹습니다.

❸ 개미를 본 적이 있나요?

❹ 새집으로 이사를 가나?

❺ 땅바닥에 줄을 긋습니다.

❻ 다 넘어뜨리면 이깁니다.

❼ 흔히 볼 수 있는 지우개

❽ 우리 몸을 튼튼하게 합니다.

❾ 나는 시금치무침을 좋아해.

❿ 무는 소화에 도움을 줍니다.

낱말을 정확히 알아야 나중에 또 만나도 기억할 수 있어요.

➜ 낱말의 뜻을 알아봅시다.

• 소화

오늘 급식으로 나온 햄버그스테이크를 하나 더 먹었더니 너무 배가 불러. 소화가 안 되네.

소화기가 안 된다고?

소화기는 불 끄는 거고~ 난 소화가 안 된다고!

꼬미가 많이 먹어서 소화가 안 되는구나. 그럼 소화될 때까지 선생님이랑 같이 운동장 걷기 하자.

소화는 우리가 먹은 음식물을 분해하여 영양분을 흡수하기 쉽게 만드는 거예요. 소화가 잘되려면 꼭꼭 씹어 먹고 적당한 양을 먹어야겠지요?

뜻을 생각하며, 낱말과 문장을 익혀 보아요.

➜ 글씨를 쓰는 순서와 글자의 모양에 유의하며 써 봅시다.

① 낱말과 문장을 따라 써 보세요.

❶ 내일이 추석이래.

❷ 가족과 나누어 먹습니다.

❸ 개미를 본 적이 있나요?

❹ 새집으로 이사를 가나?

❺ 땅바닥에 줄을 긋습니다.

❻ 다 넘어뜨리면 이깁니다.

❼ 흔히 볼 수 있는 지우개

❽ 우리 몸을 튼튼하게 합니다.

❾ 나는 시금치무침을 좋아해.

❿ 무는 소화에 도움을 줍니다.

색칠해진 칸에 글씨를
채우는 거야.

② 빈칸을 채우며 따라 써 보세요.

❶ 내 　 이 ∨ 　 석 　 래 .

❷ 　 족 　 ∨ 나 어 ∨ 습 다 .

❸ 개 　 를 ∨ 　 ∨ 적 ∨ 있 　 요 ?

❹ 　 집 　 로 ∨ 사 　 ∨ 가 　 ?

❺ 땅 　 닥 　 ∨ 줄 　 ∨ 긋 　 니 .

❻ 　 ∨ 넘 뜨 면 ∨ 겁 다 .

❼ 훈 　 ∨ 볼 ∨ 　 ∨ 있 　 ∨ 지 개

❽ 　 리 ∨ 을 ∨ 튼 게 ∨ 　 니 .

❾ 나 　 ∨ 시 차 첨 　 ∨ 좋 해 .

❿ 　 눈 ∨ 화 ∨ 도 을 ∨ 니 .

③ 빈칸을 채우며 따라 써 보세요.

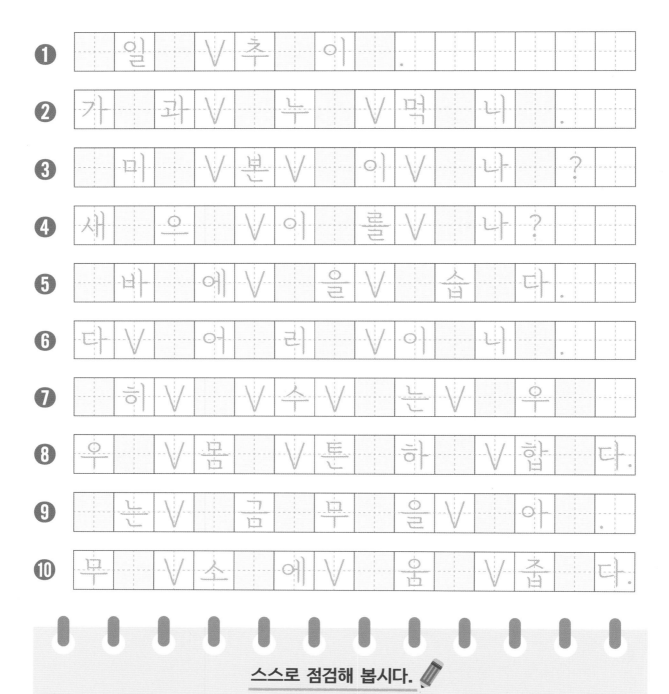

❶ 일 V 추 이 .

❷ 가 과 V 누 V 먹 니 .

❸ 미 V 분 V 이 V 나 ?

❹ 새 우 V 이 를 V 나 ?

❺ 바 에 V 을 V 습 다 .

❻ 다 V 어 리 V 이 니 .

❼ 히 V V 수 V 눈 V 우

❽ 우 V 몸 V 튼 하 V 합 다 .

❾ 눈 V 금 무 을 V 아 .

❿ 무 V 소 에 V 움 V 줍 다 .

스스로 점검해 봅시다. ✏

■ 앞 장을 넘겨 빈칸에 들어갈 말을 올바르게 썼는지 확인해 보세요.

음성 듣기

➜ 실전 받아쓰기! 불러 주는 말을 잘 듣고 빈칸에 받아써 봅시다.

❶

❷

❸

❹

❺

❻

❼

❽

❾

❿

스스로 점검해 봅시다.

▪ 맞춤법에 맞게 썼나요? ⋯⋯⋯⋯⋯⋯ ☐   ▪ 다른 사람이 잘 알아볼 수 있게

▪ 바른 위치에서 띄어 썼나요? ⋯⋯⋯⋯ ☐   또박또박 썼나요? ⋯⋯⋯⋯⋯⋯⋯⋯⋯⋯ ☐

낱말 개인화: 낱말을 내 것으로 만들어요.

➜ 새집으로 이사를 했어요. 이제 내 방을 정리할 차례예요. 필요한 물건을 골라서 색칠해 봅시다.

STEP 5 : 문장 개인화: 문장을 내 것으로 만들어요.

➜ 받아쓰기 11급에서 연습한 낱말을 사용하여 문장을 만들어 봅시다.

내일, 추석, 가족, 이사, 줄, 소화,
먹다, 긋다, 넘어뜨리다, 이기다

① 아래 문장을 소리 내어 읽고, 〈보기〉의 어떤 낱말이 쓰였는지 ◯ 하세요.

	추	석	에	는		가	족	들	과		송	편	을
만	들	어		먹	습	니	다	.					

② 바르게 따라 써 보세요.

	추	석	에	는		가	족	들	과		송	편	을
만	들	어		먹	습	니	다	.					

③ 〈보기〉의 낱말을 2개 이상 넣어 짧은 글을 써 보세요.

STEP 1 바르게 읽어야 바르게 쓸 수 있어요.

➔ 빨간색 글자의 발음에 주의하며 낱말과 문장을 따라 읽어 봅시다.
불러 주는 말을 들으며 또박또박 따라 읽으세요.
발음, 띄어 읽기, 억양까지 똑같이 읽으려고 노력하세요.
여러분의 읽기 실력이 쑥쑥 자라날 거예요.

음성 듣기

❶ 엄마 품에 폭 안길 만큼

❷ 동생을 꼭 껴안아 주었어요.

❸ 처음으로 무지개를 보고

❹ 심장이 두근거리는 순간

❺ 나는 얼마만큼 작은가요?

❻ 농부들은 벼를 심습니다.

❼ 뿌리를 내리고 자랍니다.

❽ 누렇게 변하면서 익습니다.

❾ 공원에 개를 데리고 오면

❿ 목줄은 꼭 붙잡고 다니세요.

STEP 2 낱말을 정확히 알아야 나중에 또 만나도 기억할 수 있어요.

➔ 낱말의 뜻을 알아봅시다.

• 농부

우아, 낚시하는 아저씨들 봐 봐~. 엄청 큰 물고기를 잡았어!

커다란 물고기를 잡는 어부 아저씨들 정말 멋지다.

난 농부 아저씨들도 멋있는 것 같아. 그분들 덕분에 우리가 맛있는 쌀밥을 먹을 수 있잖아.

뜻을 생각하며, 낱말과 문장을 익혀 보아요.

➜ 글씨를 쓰는 순서와 글자의 모양에 유의하며 써 봅시다.

① 낱말과 문장을 따라 써 보세요.

❶ 엄마 품에 폭 안길 만큼

❷ 동생을 꼭 껴안아 주었어요.

❸ 처음으로 무지개를 보고

❹ 심장이 두근거리는 순간

❺ 나는 얼마만큼 작은가요?

❻ 농부들은 벼를 심습니다.

❼ 뿌리를 내리고 자랍니다.

❽ 누렇게 변하면서 익습니다.

❾ 공원에 개를 데리고 오면

❿ 목줄은 꼭 붙잡고 다니세요.

색칠해진 칸에 글씨를
채우는 거야.

② 빈칸을 채우며 따라 써 보세요.

❶ 엽 | | V | 품 | | V | 폭 | V | | 길 | V | | 큼 | |

❷ | 생 | | V | 꼭 | V | | 안 | | V | 주 | | 어 | .

❸ 처 | | 우 | | V | 무 | | 개 | | V | 보 | |

❹ | 장 | | V | 두 | | 거 | | 는 | V | | 간 | |

❺ 나 | | V | 열 | | 만 | | V | 작 | | 가 | | ? |

❻ | 부 | | 은 | V | | 를 | V | | 습 | | 다 | . |

❼ 뿌 | | 를 | V | | 리 | | V | 자 | | 니 | | . |

❽ | 령 | | V | 변 | | 면 | | V | 익 | | 니 | | . |

❾ 공 | | 예 | V | | 를 | V | | 라 | | V | 오 | |

❿ | 줄 | | V | 꼭 | V | | 잡 | | V | 다 | | 세 |

③ 빈칸을 채우며 따라 써 보세요.

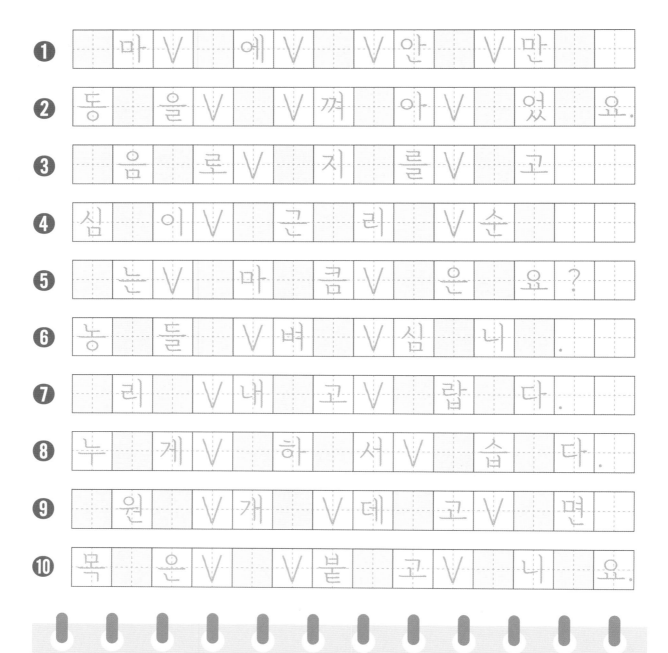

❶ | | 마 | ∨ | 에 | ∨ | ∨ 안 | ∨ 만 | |
❷ 동 | 을 ∨ | ∨ 껴 | 아 ∨ | | 었 | | 요 .
❸ | 음 | 로 ∨ | 지 | 를 ∨ | 고 |
❹ 심 | 이 ∨ | 근 | 리 | ∨ 순 |
❺ | 눈 ∨ | 마 | 큼 ∨ | 은 | 요 ? |
❻ 농 | 들 | ∨ 벼 | ∨ 심 | 나 | . |
❼ | 리 | ∨ 내 | 고 ∨ | 랍 | 다 . |
❽ 누 | 게 ∨ | 하 | 서 ∨ | 습 | 다 .
❾ | 원 | ∨ 개 | ∨ 데 | 고 ∨ | 면 |
❿ 목 | 은 ∨ | ∨ 붙 | 고 ∨ | 나 | 요 .

스스로 점검해 봅시다. ✏

- 앞 장을 넘겨 빈칸에 들어갈 말을 올바르게 썼는지 확인해 보세요.

➜ 실전 받아쓰기! 불러 주는 말을 잘 듣고 빈칸에 받아써 봅시다.

음성 듣기

❶

❷

❸

❹

❺

❻

❼

❽

❾

❿

스스로 점검해 봅시다. ✏

▪ 맞춤법에 맞게 썼나요? ················· ☐   ▪ 다른 사람이 잘 알아볼 수 있게
▪ 바른 위치에서 띄어 썼나요? ············· ☐   또박또박 썼나요? ····························· ☐

낱말 개인화: 낱말을 내 것으로 만들어요.

→ 일곱 색깔 무지개를 예쁘게 색칠하고, 색깔의 이름을 적어 봅시다.

초 | 록

주 | 황

남 | 색

보 | 라

꼬미야, 하늘에
알록달록 무지개가 나타났어.

STEP 5 : 문장 개인화: 문장을 내 것으로 만들어요.

➜ 받아쓰기 12급에서 연습한 낱말을 사용하여 문장을 만들어 봅시다.

보 기

엄마, 품, 무지개, 심장, 뿌리, 목줄,
껴안다, 두근거리다, 자라다, 익다

① 아래 문장을 소리 내어 읽고, 〈보기〉의 어떤 낱말이 쓰였는지 ◯ 하세요.

목	줄	이		풀	려	서		잃	어	버	렸	던
개	를		찾	아		꼭		껴	안	았	다	.

② 바르게 따라 써 보세요.

③ 〈보기〉의 낱말을 2개 이상 넣어 짧은 글을 써 보세요.

STEP 1 **바르게 읽어야 바르게 쓸 수 있어요.**

➜ 빨간색 글자의 발음에 주의하며 낱말과 문장을 따라 읽어 봅시다.
불러 주는 말을 들으며 또박또박 따라 읽으세요.
발음, 띄어 읽기, 억양까지 똑같이 읽으려고 노력하세요.
여러분의 읽기 실력이 쑥쑥 자라날 거예요.

음성 듣기

❶ 오늘 날씨는 어땠나요?

❷ 단풍처럼 빨갛기 때문이다.

❸ 사이좋게 지낼 것이다.

❹ 우리 반이 함께한 일

❺ 장난감 가게를 꾸몄다.

❻ 변신 로봇도 팔았다.

❼ 언제 있었던 일인가요?

❽ 아무 말도 하지 않았다.

❾ 아빠와 함께 서점에 갔다.

❿ 책이 많아서 참 신기했다.

STEP 2 낱말을 정확히 알아야 나중에 또 만나도 기억할 수 있어요.

➜ 낱말의 뜻을 알아봅시다.

• 서점

꼬미야, 나 어제 받아쓰기 백 점 맞았다고 할아버지께 칭찬받았어~!

우아, 용돈도 받았네?

꼬미야, 사고 싶은 책이 있는데 이따 학교 끝나고 같이 서점에 가자.

야호!

뜻을 생각하며, 낱말과 문장을 익혀 보아요.

➡ 글씨를 쓰는 순서와 글자의 모양에 유의하며 써 봅시다.

① 낱말과 문장을 따라 써 보세요.

❶ 오늘 날씨는 어땠나요?

❷ 단풍처럼 빨갛기 때문이다.

❸ 사이좋게 지낼 것이다.

❹ 우리 반이 함께한 일

❺ 장난감 가게를 꾸몄다.

❻ 변신 로봇도 팔았다.

❼ 언제 있었던 일인가요?

❽ 아무 말도 하자 않았다.

❾ 아빠와 함께 서점에 갔다.

❿ 책이 많아서 참 신기했다.

색칠해진 칸에 글씨를
채우는 거야.

② 빈칸을 채우며 따라 써 보세요.

❶ 오　　Ｖ　날　는Ｖ　　땠　요　?
❷ 　풍　렴Ｖ　강　　Ｖ때　이　　.
❸ 사　좋　Ｖ지　Ｖ것　다.
❹ 　리Ｖ　이Ｖ　　께　Ｖ일
❺ 장　감Ｖ　게　Ｖ꾸　다.
❻ 　신Ｖ　봇　Ｖ팔　다.
❼ 연　Ｖ있　던Ｖ　인　요　?
❽ 　무Ｖ　도Ｖ　지Ｖ　았　.
❾ 아　와Ｖ　께Ｖ　점　Ｖ갔　.
❿ 　이Ｖ　아　Ｖ참Ｖ　　기　다.

③ 빈칸을 채우며 따라 써 보세요.

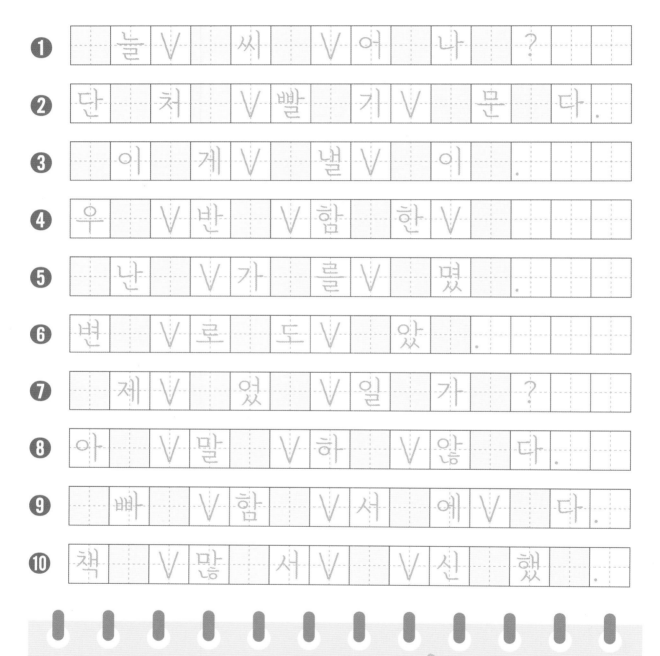

❶ 늘∨ 씨 ∨어 나 ?

❷ 단 처 ∨빨 기∨ 문 다.

❸ 이 게∨ 낼∨ 이 .

❹ 우 ∨반 ∨함 한∨

❺ 난 ∨가 를∨ 몄 .

❻ 변 ∨로 도∨ 았 .

❼ 제∨ 었 ∨일 가 ?

❽ 아 ∨말 ∨하 ∨않 다.

❾ 빠 ∨함 ∨서 에∨ 다.

❿ 책 ∨많 서∨ ∨신 했 .

스스로 점검해 봅시다. ✏

■ 앞 장을 넘겨 빈칸에 들어갈 말을 올바르게 썼는지 확인해 보세요.

110

➜ 실전 받아쓰기! 불러 주는 말을 잘 듣고 빈칸에 받아써 봅시다.

❶

❷

❸

❹

❺

❻

❼

❽

❾

❿

스스로 점검해 봅시다. ✏️

- 맞춤법에 맞게 썼나요? ⋯⋯⋯⋯⋯⋯ ☐
- 바른 위치에서 띄어 썼나요? ⋯⋯⋯⋯ ☐

- 다른 사람이 잘 알아볼 수 있게
  또박또박 썼나요? ⋯⋯⋯⋯⋯⋯⋯⋯⋯ ☐

낱말 개인화: 낱말을 내 것으로 만들어요.

➡ 그림일기를 보고 오늘의 날씨를 써 봅시다.

20○○년 8월 10일 수요일

날씨 : _____

_____

20○○년 12월 30일 금요일

날씨 : _____

_____

날씨는 '비' 처럼 간단히 적을 수도 있고, '비가 주룩주룩 내린 날' 처럼 자세하게 쓸 수도 있어요.

문장 개인화: 문장을 내 것으로 만들어요.

➜ 받아쓰기 13급에서 연습한 낱말을 사용하여 문장을 만들어 봅시다.

보기

날씨, 단풍, 장난감, 로봇, 서점, 책,
빨갛다, 사이좋다, 꾸미다, 신기하다

① 아래 문장을 소리 내어 읽고, 〈보기〉의 어떤 낱말이 쓰였는지 ◯ 하세요.

	단	풍	이		빨	갛	게		물	든		산	이
참		신	기	하	고		아	름	다	웠	다	.	

② 바르게 따라 써 보세요.

	단	풍	이		빨	갛	게		물	든		산	이
참		신	기	하	고		아	름	다	웠	다	.	

③ 〈보기〉의 낱말을 2개 이상 넣어 짧은 글을 써 보세요.

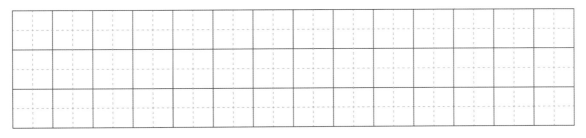

STEP 1 바르게 읽어야 바르게 쓸 수 있어요.

➡ 빨간색 글자의 발음에 주의하며 낱말과 문장을 따라 읽어 봅시다.
불러 주는 말을 들으며 또박또박 따라 읽으세요.
발음, 띄어 읽기, 억양까지 똑같이 읽으려고 노력하세요.
여러분의 읽기 실력이 쑥쑥 자라날 거예요.

음성 듣기

❶ 별을 삼키고 사라진 괴물

❷ 어떤 모습을 하고 있을까?

❸ 썰매를 타 본 경험

❹ 얼음판 위에서 미끄러졌어.

❺ 괴물의 모습을 상상해 봐.

❻ 밤이나 낮이나 쉬지 않고

❼ 멋진 옷을 부탁했어요.

❽ 춤출 때 입을 거예요.

❾ 토끼는 깡충깡충 뛸 거예요.

❿ 한바탕 잔치가 벌어졌어요.

STEP 2 낱말을 정확히 알아야 나중에 또 만나도 기억할 수 있어요.

➜ 낱말의 뜻을 알아봅시다.

- 경험

여름 방학에
경험한 것 그리기

누가 여름 방학에
경험한 일을
발표해 보겠어요?

선생님, 저는
외할머니 댁에서
커다란 수박을 땄어요.

가족들과 함께
시원한 빙수를 먹었어요.

재미있는 일들이
있었네요.
그럼 지금부터
여름 방학에
경험한 것을
그려 볼까요?

뜻을 생각하며, 낱말과 문장을 익혀 보아요.

➜ 글씨를 쓰는 순서와 글자의 모양에 유의하며 써 봅시다.

① 낱말과 문장을 따라 써 보세요.

❶ 별을 삼키고 사라진 괴물

❷ 어떤 모습을 하고 있을까?

❸ 썰매를 타 본 경험

❹ 얼음판 위에서 미끄러졌어.

❺ 괴물의 모습을 상상해 봐.

❻ 밤이나 낮이나 쉬지 않고

❼ 멋진 옷을 부탁했어요.

❽ 춤출 때 입을 거예요.

❾ 토끼는 깡충깡충 뭘 거예요.

❿ 한바탕 잔치가 벌어졌어요.

색칠해진 칸에 글씨를
채우는 거야.

② 빈칸을 채우며 따라 써 보세요.

① | 별 | | V | 삼 | | 고 | V | | 라 | | V | 괴 | | |

② | | 떤 | V | | 습 | | V | 하 | | V | 있 | | 까 | ? |

③ | 썰 | | 를 | V | | V | 본 | V | | 험 | | | | |

④ | | 음 | | V | 위 | | 서 | V | | 끄 | | 졌 | | . |

⑤ | 괴 | | 의 | V | | 습 | | V | 상 | | 해 | V | | . |

⑥ | | 이 | | V | 낯 | 나 | V | | 지 | V | | 고 | | |

⑦ | 멋 | | | V | 옷 | | V | 부 | | 했 | | 요 | . | |

⑧ | | 출 | V | | V | 입 | | V | 거 | | 요 | . | | |

⑨ | 토 | | 는 | V | | 충 | 충 | V | | V | 거 | | 요 | . |

⑩ | | 바 | | V | 잔 | | 가 | V | | 어 | | 어 | | . |

117

③ 빈칸을 채우며 따라 써 보세요.

❶ 을 ∨ 키 ∨ 사 진 ∨ 물

❷ 어 ∨ 모 을 ∨ 고 ∨ 을 ?

❸ 매 ∨ 타 ∨ ∨ 경

❹ 얼 판 ∨ 에 ∨ 미 러 어 .

❺ 물 ∨ 모 을 ∨ 상 ∨ 봐 .

❻ 밥 나 ∨ 이 ∨ 쉬 ∨ 않

❼ 진 ∨ 을 ∨ 탁 어 .

❽ 춤 ∨ 때 ∨ 을 ∨ 예 .

❾ 끼 ∨ 깡 깡 ∨ 뗼 ∨ 예 .

❿ 한 탕 ∨ 치 ∨ 별 졌 요 .

스스로 점검해 봅시다. 🖊

■ 앞 장을 넘겨 빈칸에 들어갈 말을 올바르게 썼는지 확인해 보세요.

➔ 실전 받아쓰기! 불러 주는 말을 잘 듣고 빈칸에 받아써 봅시다.

❶

❷

❸

❹

❺

❻

❼

❽

❾

❿

스스로 점검해 봅시다.

- 맞춤법에 맞게 썼나요? ·················· ☐
- 바른 위치에서 띄어 썼나요? ············· ☐

- 다른 사람이 잘 알아볼 수 있게
  또박또박 썼나요? ····························· ☐

낱말 개인화: 낱말을 내 것으로 만들어요.

➜ 동물 그림 카드를 보고, 동물의 모습을 알맞게 나타낸 낱말을 연결해 봅시다.

문장 개인화: 문장을 내 것으로 만들어요.

➡ 받아쓰기 14급에서 연습한 낱말을 사용하여 문장을 만들어 봅시다.

보기

별, 괴물, 모습, 썰매, 얼음판,
사라지다, 미끄러지다, 멋지다, 입다, 뛰다

① 아래 문장을 소리 내어 읽고, 〈보기〉의 어떤 낱말이 쓰였는지 ◯ 하세요.

괴	물	의		모	습	을		보	고		깜	짝
놀	라		입	이		벌	어	졌	다	.		

② 바르게 따라 써 보세요.

괴	물	의		모	습	을		보	고		깜	짝
놀	라		입	이		벌	어	졌	다	.		

③ 〈보기〉의 낱말을 2개 이상 넣어 짧은 글을 써 보세요.

STEP 1 바르게 읽어야 바르게 쓸 수 있어요.

→ 빨간색 글자의 발음에 주의하며 낱말과 문장을 따라 읽어 봅시다.
불러 주는 말을 들으며 또박또박 따라 읽으세요.
발음, 띄어 읽기, 억양까지 똑같이 읽으려고 노력하세요.
여러분의 읽기 실력이 쑥쑥 자라날 거예요.

음성 듣기

① 달을 가지고 싶어 했다.

② 친구들이 행복해한 까닭

③ 놀이터에 가서 같이 놀자.

④ 널 위해 준비한 달과 별

⑤ 손가락 인형을 고른다.

⑥ 거울아, 누가 가장 예쁘지?

⑦ 왜 나만 다르게 생겼을까?

⑧ 나는 빨리 달릴 수 있어.

⑨ 퐁퐁퐁 비누 거품이다.

⑩ 이야, 밀가루 반죽이다.

STEP 2 낱말을 정확히 알아야 나중에 또 만나도 기억할 수 있어요.

➜ 낱말의 뜻을 알아봅시다.

• 반죽

뜻을 생각하며, 낱말과 문장을 익혀 보아요.

➜ 글씨를 쓰는 순서와 글자의 모양에 유의하며 써 봅시다.

① 낱말과 문장을 따라 써 보세요.

❶ 달을 가지고 싶어 했다.

❷ 친구들이 행복해한 까닭

❸ 놀이터에 가서 같이 놀자.

❹ 널 위해 준비한 달과 별

❺ 손가락 인형을 고른다.

❻ 거울아, 누가 가장 예쁘지?

❼ 왜 나만 다르게 생겼을까?

❽ 나는 빨리 달릴 수 있어.

❾ 퐁퐁퐁 비누 거품이다.

❿ 이야, 밀가루 반죽이다.

색칠해진 칸에 글씨를
채우는 거야.

② 빈칸을 채우며 따라 써 보세요.

❶ 달 　 ∨ 가 고 ∨ 　 어 ∨ 다 .

❷ 　 구 　 이 ∨ 복 　 한 ∨ 닭

❸ 놀 터 　 ∨ 가 ∨ 같 ∨ 놀 .

❹ 　 ∨ 위 ∨ 춘 한 ∨ 과 ∨

❺ 손 락 ∨ 형 ∨ 고 다 .

❻ 　 울 , 누 ∨ 가 ∨ 예 지 ?

❼ 왜 ∨ 만 ∨ 루 ∨ 생 을 ?

❽ 　 늬 ∨ 리 ∨ 릴 ∨ 　 ∨ 있 .

❾ 퐁 퐁 ∨ 누 ∨ 품 다 .

❿ 　 야 , 　 가 ∨ 반 이 .

③ 빈칸을 채우며 따라 써 보세요.

❶ | | 을 | V | | 지 | | V | 싶 | | V | 했 | | | . | |

❷ 찬 | | 들 | | V | 행 | 해 | | V | 까 |

❸ | | 이 | 에 | V | | 서 | V | | 이 | V | | 자 | . |

❹ 널 | V | | 해 | V | | 비 | | V | 달 | | V | 별 |

❺ | | 가 | | V | 인 | | 을 | V | | 른 | | . |

❻ 거 | | 아 | , | | 가 | V | | 장 | V | | 쁘 | | | ? |

❼ | | V | 나 | | V | 다 | | 게 | V | | | 겠 | | 까 | ? |

❽ 나 | | V | 빨 | | V | 달 | | V | 수 | V | | 어 | . |

❾ | | 퐁 | | V | 비 | | V | 거 | | 이 | | | . | |

❿ 이 | | , | 밀 | | 루 | V | | 죽 | | 다 | . |

스스로 점검해 봅시다. ✏

▪ 앞 장을 넘겨 빈칸에 들어갈 말을 올바르게 썼는지 확인해 보세요.

➜ 실전 받아쓰기! 불러 주는 말을 잘 듣고 빈칸에 받아써 봅시다.

음성 듣기

❶

❷

❸

❹

❺

❻

❼

❽

❾

❿

스스로 점검해 봅시다. ✏

- 맞춤법에 맞게 썼나요? ·············· ☐
- 바른 위치에서 띄어 썼나요? ·············· ☐
- 다른 사람이 잘 알아볼 수 있게 또박또박 썼나요? ·············· ☐

낱말 개인화: 낱말을 내 것으로 만들어요.

➜ 오른손처럼 왼손에도 그림을 그려 예쁘게 꾸며 봅시다. 우리 가족 손가락 인형을 만들어도 재미있을 거예요.

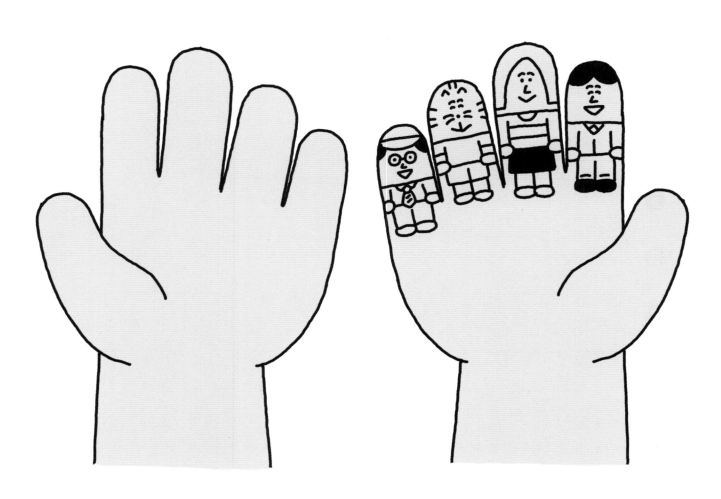

왼손   오른손

STEP 5 문장 개인화: 문장을 내 것으로 만들어요.

➜ 받아쓰기 15급에서 연습한 낱말을 사용하여 문장을 만들어 봅시다.

보기

달, 행복, 놀이터, 손가락, 인형, 반죽,
놀다, 준비하다, 고르다, 예쁘다

① 아래 문장을 소리 내어 읽고, 〈보기〉의 어떤 낱말이 쓰였는지 ◯ 하세요.

놀	이	터	에	서		예	쁘	게		생	긴	
인	형	을		주	웠	다	.					

② 바르게 따라 써 보세요.

놀	이	터	에	서		예	쁘	게		생	긴	
인	형	을		주	웠	다	.					

③ 〈보기〉의 낱말을 2개 이상 넣어 짧은 글을 써 보세요.

1급 17쪽

보기

책, 순서, 제목, 발가락, 생일,
읽다, 정하다, 떠오르다, 자라다

① 아래 문장을 소리 내어 읽고, 〈보기〉의 어떤 낱말이 쓰였는지 ○ 하세요.

책	이		흐	트	러	져		있	어	서
순	서	대	로		정	리	했	다	.	

2급 25쪽

보기

낚시, 끈, 모자, 잠,
묶다, 닦다, 섞다, 생기다, 신기하다

① 아래 문장을 소리 내어 읽고, 〈보기〉의 어떤 낱말이 쓰였는지 ○ 하세요.

	설	탕	에		소	다	를		섞	으	면
신	기	하	게		달	고	나	가		된	다	.

※ '섞다'는 '섞으면'의 기본이 되는 형태이고,
'신기하다'는 '신기하게'의 기본이 되는 형태예요.

3급 32쪽

(2) → (3) → (1) → ❹

새싹과 꽃이
자라는 모습을
관찰해 본 적이
있니?

3급 33쪽

보기

동물, 노래, 싹, 햇볕, 꽃, 고양이,
부르다, 틔우다, 피우다, 올다

① 아래 문장을 소리 내어 읽고, 〈보기〉의 어떤 낱말이 쓰였는지 ○ 하세요.

	고	양	이	가		햇	볕	을		쬐	며
낮	잠	을		자	고		있	었	다	.	

5급 48쪽

보기

뒤뚱뒤뚱, 벌렁벌렁, 씽씽, 냠냠

보기

안전모, 무릎 보호대, 보호 장갑, 팔꿈치 보호대

모양	흉내 내는 말
	씽씽
	뒤뚱뒤뚱
	벌렁벌렁
	냠냠

안 전 모

팔 꿈 치 V 보 호 대

보 호 V 장 갑

무 릎 V 보 호 대

5급 49쪽

보기

자전거, 벌렁벌렁, 씽씽, 단풍, 강아지,
쌓다, 얹다, 없다, 가엾다, 괜찮다

보기

응원, 만세, 준비, 이야기, 동화책,
표현하다, 달리다, 궁금하다, 재미있다

① 아래 문장을 소리 내어 읽고, 〈보기〉의 어떤 낱말이 쓰였는지 ○ 하세요.

자	전	거	를		타	고	씽	씽
달	려	서		공	원	에	도	착	했	다	.

① 아래 문장을 소리 내어 읽고, 〈보기〉의 어떤 낱말이 쓰였는지 ○ 하세요.

	쌩	쌩	달	리	는		백	군		선	수	를
힘	껏		응	원	했	다	.	백	군		만	세	!

※ '달리다'는 '달리는'의 기본이 되는 형태예요.

6급 57쪽

6급 57쪽

보기
나뭇잎, 꽃잎, 동생, 호수, 버럭,
잔잔하다, 양보하다, 화해하다, 지혜롭다

① 아래 문장을 소리 내어 읽고, 〈보기〉의 어떤 낱말이 쓰였는지 ◯ 하세요.

잔	잔	한		호	수	에		울	긋	불	긋
물	든		나	뭇	잎	이		비	쳤	다	.

※ '잔잔하다'는 '잔잔한'의 기본이 되는 형태예요.

7급 65쪽

보기
선물, 까닭, 요리사, 세계, 무럭무럭,
준비하다, 자라다, 놀라다, 먹다, 일어나다

① 아래 문장을 소리 내어 읽고, 〈보기〉의 어떤 낱말이 쓰였는지 ◯ 하세요.

	아	침	에		일	어	나	니		머	리 맡 에
선	물	이		있	어	서		깜	짝		놀 랐 다

※ '일어나다'는 '일어나니'의 기본이 되는 형태이고,
'놀라다'는 '놀랐다'의 기본이 되는 형태예요.

7급 64쪽

보기
초밥, 케밥, 피자, 김치, 딤섬, 쌀국수

대한민국
김치

일본
초밥

중국
딤섬

터키
케밥

이탈리아
피자

베트남
쌀국수

8급 73쪽

보기
노랫말, 짝꿍, 안전띠, 차,
매다, 내리다, 조심하다, 즐겁다

① 아래 문장을 소리 내어 읽고, 〈보기〉의 어떤 낱말이 쓰였는지 ◯ 하세요.

	내		짝	꿍	이		새	로	산 자 전
거	를		즐	겁	게		탔	다	.

※ '즐겁다'는 '즐겁게'의 기본이 되는 형태예요.

9급 80쪽

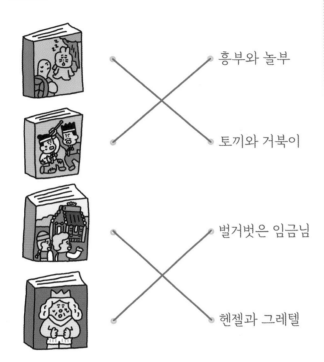

흥부와 놀부

토끼와 거북이

벌거벗은 임금님

헨젤과 그레텔

10급 88쪽

9급 81쪽

보기

먼저, 양보, 친구, 독서, 옷,
반갑다, 읽다, 젖다, 마르다

① 아래 문장을 소리 내어 읽고, 〈보기〉의 어떤 낱말이 쓰였는지 ◯ 하세요.

| 친구 | 의 | | 편 | 지 | 가 | | 반 | 가 | 워 | 서 | |
| 단 | 숨 | 에 | | 읽 | 어 | | 내 | 려 | 갔 | 다 | . |

※ '반갑다'는 '반가워서'의 기본이 되는 형태이고,
'읽다'는 '읽어'의 기본이 되는 형태예요.

10급 89쪽

보기

함께, 줄무늬, 열매, 농장, 임금님, 솜사탕,
놀다, 타다, 자라다, 기다리다

① 아래 문장을 소리 내어 읽고, 〈보기〉의 어떤 낱말이 쓰였는지 ◯ 하세요.

| 줄 | 무 | 늬 | | 다 | 람 | 쥐 | 가 | | 열 | 매 | 를 |
| 따 | 려 | 고 | | 나 | 무 | 를 | | 탔 | 다 | . | |

※ '타다'는 '탔다'의 기본이 되는 형태예요.

 **11급** 97쪽

보기

내일, 추석, 가족, 이사, 줄, 소화,
먹다, 긋다, 넘어뜨리다, 이기다

① 아래 문장을 소리 내어 읽고, 〈보기〉의 어떤 낱말이 쓰였는지 ○ 하세요.

| | 추 | 석 | 에 | 는 | | 가 | 족 | 들 | 과 | | 송 | 편 | 을 |
| 만 | 들 | 어 | | 먹 | 습 | 니 | 다 | . | | | | | |

※ '먹다'는 '먹습니다'의 기본이 되는 형태예요.

 **12급** 105쪽

보기

엄마, 품, 무지개, 심장, 뿌리, 목줄,
껴안다, 두근거리다, 자라다, 익다

① 아래 문장을 소리 내어 읽고, 〈보기〉의 어떤 낱말이 쓰였는지 ○ 하세요.

| | 목 | 줄 | 이 | | 풀 | 려 | 서 | | 잃 | 어 | 버 | 렸 | 던 |
| 개 | 를 | | 찾 | 아 | | 꼭 | | 껴 | 안 | 았 | 다 | . | |

※ '껴안다'는 '껴안았다'의 기본이 되는 형태예요.

 **12급** 104쪽

파랑
초록
노랑
주황
빨강
남색
보라

꼬미야, 하늘에
알록달록 무지개가 나타났어.

 **13급** 113쪽

보기

날씨, 단풍, 장난감, 로봇, 서점, 책,
빨갛다, 사이좋다, 꾸미다, 신기하다

① 아래 문장을 소리 내어 읽고, 〈보기〉의 어떤 낱말이 쓰였는지 ○ 하세요.

| | 단 | 풍 | 이 | | 빨 | 갛 | 게 | | 물 | 든 | | 산 | 이 |
| 참 | | 신 | 기 | 하 | 고 | | 아 | 름 | 다 | 웠 | 다 | . | |

※ '빨갛다'는 '빨갛게'의 기본이 되는 형태이고,
　'신기하다'는 '신기하고'의 기본이 되는 형태예요.

14급 120쪽

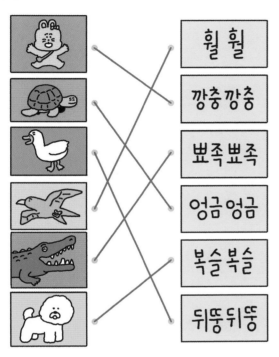

훨 훨

깡충깡충

뾰족뾰족

엉금엉금

복슬복슬

뒤뚱뒤뚱

15급 129쪽

달, 행복, 놀이터, 손가락, 인형, 반죽,
놀다, 준비하다, 고르다, 예쁘다

① 아래 문장을 소리 내어 읽고, 〈보기〉의 어떤 낱말이 쓰였는지 ◯ 하세요.

놀	이	터	에	서		예	쁘	게		생	긴
인	형	을		주	웠	다	.				

※ '예쁘다'는 '예쁘게'의 기본이 되는 형태예요.

14급 121쪽

별, 괴물, 모습, 썰매, 얼음판,
사라지다, 미끄러지다, 멋지다, 입다, 뛰다

① 아래 문장을 소리 내어 읽고, 〈보기〉의 어떤 낱말이 쓰였는지 ◯ 하세요.

괴	물	의		모	습	을		보	고		깜	짝
놀	라		입	이		벌	어	졌	다	.		

다음에 또 만나요!

1-2 교과서와 친해지는
단원별 단계별 받아쓰기

2022년 07월 19일 초판 01쇄 인쇄
2022년 07월 27일 초판 01쇄 발행

글 윤희솔·박은주
그림 나인완

발행인 이규상   편집인 임현숙
편집팀장 김은영   편집팀 문지연 이은영 강정민 정윤정
디자인팀 최희민 권지혜 두형주   마케팅팀 이성수 김별 김능연 강소희 이채영
경영관리팀 강현덕 김하나 이순복

펴낸곳 (주)백도씨
출판등록 제2012-000170호(2007년 6월 22일)
주소 03044 서울시 종로구 효자로7길 23, 3층(통의동 7-33)
전화 02 3443 0311(편집) 02 3012 0117(마케팅) 팩스 02 3012 3010
이메일 book@100doci.com(편집·원고 투고) valva@100doci.com(유통·사업 제휴)
포스트 post.naver.com/100doci 블로그 blog.naver.com/100doci 인스타그램 @growing__i

ISBN 978-89-6833-387-3 64710
ISBN 978-89-6833-359-0 64710 (세트)
ⓒ 윤희솔·박은주, 2022, Printed in Korea

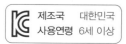
제조국   대한민국
사용연령 6세 이상